AF403134

LA
LÉGISLATION DES PATENTES

APPLIQUÉE

AUX INDUSTRIES TEXTILES

— FILS ET TISSUS DE SOIE, LAINE, COTON, LIN, ETC. —

ET AUX INDUSTRIES, COMMERCES ET PROFESSIONS QUI S'Y RATTACHENT

TEINTURE, IMPRESSION,
APPRÊT, COMMERCE INTERMÉDIAIRE, FABRICATION DES MÉTIERS
ET INSTRUMENTS DE FILATURE, TISSAGE, ETC.

ANALYSE ET COMMENTAIRE DE LA LOI DU 15 JUILLET 1880

TARIF ANCIEN ET TARIF NOUVEAU

PAR

M. Marius MORAND

BIBLIOTHÉCAIRE DE LA CHAMBRE DE COMMERCE DE LYON

LYON

IMPRIMERIE PITRAT AÎNÉ

4, RUE GENTIL, 4

—

1880

LA

LA LÉGISLATION DES PATENTES

APPLIQUÉE

AUX INDUSTRIES TEXTILES

LA

LÉGISLATION DES PATENTES

APPLIQUÉE

AUX INDUSTRIES TEXTILES

— FILS ET TISSUS DE SOIE, LAINE, COTON, LIN, ETC. —

ET AUX INDUSTRIES, COMMERCES ET PROFESSIONS QUI S'Y RATTACHENT

TEINTURE, IMPRESSION,
APPRÊT, COMMERCE INTERMÉDIAIRE, FABRICATION DES MÉTIERS
ET INSTRUMENTS DE FILATURE, TISSAGE, ETC.

ANALYSE ET COMMENTAIRE DE LA LOI DU 15 JUILLET 1880

TARIF ANCIEN ET TARIF NOUVEAU

PAR

M. Marius MORAND

BIBLIOTHÉCAIRE DE LA CHAMBRE DE COMMERCE DE LYON

LYON

IMPRIMERIE PITRAT AINÉ

4, RUE GENTIL, 4

—

1880

La loi du 15 juillet 1880 a remanié profondément notre législation des patentes ; elle entraîne soit dans l'assiette des taxes, soit même dans les classifications des industries, des modifications nombreuses, modifications qui trouveront place dans les rôles de 1881.

Pour la plupart des professions, ces remaniements se traduisent par des dégrèvements d'impôt plus ou moins considérables. Mais parmi les contribuables, combien en est-il qui auront la volonté et souvent les moyens, de vérifier leurs nouvelles feuilles de patente ? Combien en est-il qui ont appris à connaître le rouage si compliqué de cet impôt ? La présente publication, restreinte aux diverses branches des industries textiles et des commerces et professions qui s'y rattachent, a pour objet :

De présenter, dans des tableaux aussi clairement et méthodiquement établis que possible, les droits nouveaux, mis en regard des droits perçus en vertu de l'ancienne législation, dont seront désormais passibles ces industries et professions ;

1

De faire la lumière sur les aggravations et les dégrèvements de taxe qui résulteront, pour chacune d'elles, de la mise à application de la loi du 15 juillet dernier ;

De mettre les patentables en état de contrôler aisément, sans déplacement, sans perte de temps, leurs feuilles d'imposition ; de les instruire de leurs droits et leurs devoirs envers l'administration ; de leur apprendre enfin, qu'on nous pardonne l'expression, leur métier de contribuables.

Une table alphabétique des industries simplifie les recherches dans les différents tarifs où elles sont classées.

Une analyse et un commentaire de la loi du 15 juillet 1880, éclairés par les documents législatifs, les discussions parlementaires, les arrêts les plus importants du conseil d'État, servent d'introduction à ces tarifs, qui sont eux-mêmes précédés chacun d'un exposé destiné à en faire connaître l'économie générale et le fonctionnement.

Lyon, 8 décembre 1880.

LA
LÉGISLATION DES PATENTES

APPLIQUÉE

AUX INDUSTRIES TEXTILES

CHAPITRE PREMIER

ÉCONOMIE DE LA LOI DU 15 JUILLET 1880

I. Nécessité reconnue en 1872 d'une révision de la loi des patentes. — II. La loi de 1880 est une refonte générale de la législation des patentes. — III. Les principes fondamentaux de l'ancienne législation ont été conservés. — IV. Esprit général de la loi de 1880. — V. Rejet de la taxe progressive par le Sénat. — VI. Résultats financiers de la loi du 15 juillet 1880.

I. — Lorsque, pour faire face aux intérêts de l'amortissement du sur-croît considérable de la dette publique contractée pour payer la rançon de nos désastres, l'Assemblée nationale autorisa, par la loi du 16 juillet 1872, la perception de 60 centimes additionnels extraordinaires à la contribution des patentes, elle décréta en même temps qu'il serait procédé à la révision de la loi des patentes. Malgré les remaniements incessants dont elle avait été l'objet depuis sa création en 1791, notre législation suscitait de nombreuses critiques que l'établissement de ces centimes additionnels devait rendre plus vives encore, puisqu'elle élargissait la base de l'impôt. Elles furent si vives que, dès l'année suivante, cette taxe de guerre, venant s'ajouter aux aggravations édictées par la loi du 29 mars 1872 (1), fut abaissée à 43 centimes. L'industrie et le commerce acceptaient leur part

(1) Article 1er. Extension du droit fixe entier aux établissements secondaires (jusqu'alors soumis au demi-droit seulement).

Art. 2. Suppression du maximum établi par la loi de 1844 pour les industries tarifées à raison du nombre des éléments de production.

Art. 3. Rehaussement d'un cinquième des droits fixes contenus dans le tableau C.

Art. 4. Rehaussement des droits proportionnels du 1/15e au 1/10e pour la 1re classe du tableau A et pour le tableau B ; du 1/20e au 1/15e pour les 2e et 3e classes du tableau A.

Cette loi, appliquée dès le 1er avril 1872, a donné lieu à une augmentation de 4,663,237 fr. en principal pour les huit derniers mois de l'année.

des charges publiques, mais ils demandaient qu'elle fût rendue supportable par une répartition plus équitable et plus exactement proportionnelle de l'impôt.

Dès le 30 mai 1873, l'Assemblée nationale était saisie d'un projet de révision de la législation des patentes. Absorbée par d'autres préoccupations, l'Assemblée nationale se sépara sans avoir statué sur cet objet. Le 3 août 1876, un second projet légèrement modifié, était présenté à la Chambre des députés, et ajourné, de nouveau par la dissolution de la Chambre. Enfin, un troisième projet, rectifiant encore les deux précédents, était déposé par M. Léon Say, le 18 décembre 1877 (1).

C'est ce projet, longuement discuté par la commission de la Chambre des députés, rapporté par M. Labadié, le 23 février 1880 (2), discuté par la Chambre des députés dans les séances des 10 et 11 mai (3), renvoyé au Sénat le 14 mai (4), amendé par le Sénat dans la séance du 1er juillet (5), à la suite d'un rapport de M. Fournier (6), adopté définitivement par la Chambre le 6 juillet (7), qui est devenu la loi du 15 juillet 1880 (8).

II. — Le projet du gouvernement portait seulement sur les modifications qu'il lui avait paru désirable d'introduire dans la loi des patentes. Elargissant le travail de révision qui avait été tracé par l'Assemblée nationale de 1872, la Chambre des députés ne s'est pas bornée à des remaniements partiels, elle a procédé à une refonte générale de la législation, tant en ce qui concerne les textes de loi qu'en ce qui concerne la classification et les tarifs des diverses professions.

Une foule de dispositions éparses dans presque toutes nos lois de finances, se complétant, se superposant, s'abrogeant, ont successivement modifié la loi organique de 1844, si bien, comme l'a dit M. Labadié, rapporteur, que dans ce dédale inextricable de lois, le redevable se perdait, et l'agent de l'administration avait lui-même quelque peine à se reconnaître. Le moment était donc opportun de faire ce qu'on avait fait en 1844, de mettre en peu de clarté dans cette confusion de textes et de tarifs. Les anciennes dispositions législatives, rapprochées les unes des autres, comparées, coordonnées, mises en harmonie avec les transformations survenues dans l'industrie, constituent

(1) *Journal officiel* du 21 au 23 février 1878.
(2) Id. du 27 mars 1880.
(3) Id. des 11 et 12 mai 1880.
(4) Id. du 3 juin 1880.
(5) Id. du 2 juillet 1880.
(6) Id du 26 juillet 1880.
(7) Id. du 7 juillet 1880.
(8) Id. du 22 juillet 1880.

la loi du 15 juillet 1880, qui abroge toutes les lois préexistantes, y compris celle de 1844.

III. — Cette codification générale de la contribution des patentes a respecté toutefois les deux principes fondamentaux qui avaient présidé à la création de cet impôt en 1791 et ont dominé toutes les discussions parlementaires, à savoir : comme but à atteindre, la proportionnalité aussi exacte que possible de l'impôt aux bénéfices commerciaux et industriels ; comme moyens, l'assiette exclusive de la patente sur des signes apparents dont la constatation puisse être faite et vérifiée sans que l'agent de l'administration soit amené à s'immiscer par des recherches inquisitoriales dans les affaires du contribuable.

Les modifications innombrables apportées depuis quatre-vingt-dix ans ont eu pour but de réaliser, autant que faire se peut, ce double *desideratum* soit à l'aide d'une nomenclature aussi détaillée et précise que possible des professions, soit par la multiplicité des éléments de taxe qui, en se combinant entre eux, établissent une sorte de compensation équitable (1).

Les résultats de ces combinaisons diverses, empruntées par la loi de 1880 aux lois antérieures, se résument dans quatre tableaux différents (A, B, C, D), contenant la nomenclature de toutes les professions.

(1) La loi du 17 mars 1791 a créé la contribution des patentes en remplacement des droits de maîtrise et de jurande. Cette loi proclamait la liberté du commerce et de l'industrie, tout en fixant leur part dans les charges publiques. La contribution était exclusivement basée sur la valeur locative. Elle fut abolie par la loi du 21 mars 1793, puis rétablie par la loi du 4 thermidor an III, qui abandonnait la base de la valeur locative, c'est-à-dire la base du droit proportionnel au loyer, pour y substituer le droit fixe. Les patentes étaient divisées en patentes générales et patentes particulières, suivant que le patentable devait faire toute espèce de négoce ou de commerce, ou qu'il devait ne se livrer qu'à un négoce ou un commerce spécialement désigné. La patente générale était fixée à 4,000 livres. Les patentes particulières ou spéciales étaient déterminées par un tarif variant avec la population, et dans lequel les différents commerces ou professions se trouvaient rangés sous des dénominations collectives.

La loi du 6 fructidor an IV inaugura la combinaison du droit fixe et du droit proportionnel qui forme encore aujourd'hui la base du système de la législation des patentes.

Cette loi, après quelques modifications (9 frimaire et 9 pluviôse an V, et 7 brumaire an VI), fut remaniée, et la loi du 1er brumaire an VII, abrogeant la législation antérieure, maintint la combinaison du droit fixe et du droit proportionnel. Un petit nombre de professions étaient taxées, sans égard à la population, d'après un tarif spécial. Les autres professions étaient taxées eu égard à la population et d'après un tarif général. Dans la nomenclature, ces professions étaient divisées en sept classes. Chaque classe comportait pour le droit fixe sept taxes différentes, suivant la population du lieu.

La loi du 1er brumaire an VII ne fut abrogée que par la loi du 25 avril 1844 ; mais elle fut modifiée dans ses détails par de nombreuses lois (19 brumaire an VII, 9 brumaire, 12 et 16 thermidor et 15 fructidor an VIII, 5 brumaire an IX, 13 et 26 brumaire an X, 25 mars 1817, 15 mai 1818, 17 juillet 1819 et 24 mars 1831), parmi lesquelles il faut noter particulièrement la loi du 25 mars 1817. C'est cette loi qui, la première, a fait entrer le nombre des métiers et celui des broches comme éléments de la patente des fabricants à métiers et des filateurs de laine et de coton. Elle contenait une autre innovation qui mérite d'être signalée : cette innovation consistait dans la formation de commissions chargées de classer, selon leur importance, les patentables industriels et de

Pour le commerce en gros, en demi-gros et en détail, et la plupart des artisans occupant des ouvriers, le droit fixe est réglé eu égard à la population, et d'après un tarif général (tableau A).

Pour le haut commerce, le droit fixe est réglé eu égard à la population, d'après un tarif spécial (tableau B).

Les professions industrielles sont taxées d'après un tarif spécial à chacune d'elles, sans avoir égard à la population (tableau C).

Enfin, un quatrième tableau (tableau D) stipule les droits proportionnels divers qui viennent s'ajouter aux droits fixes des différentes professions, classées elles-mêmes en plusieurs catégories, dans les trois tableaux A, B, C, et comprend les professions dites libérales.

Les tableaux suivants dont nous empruntons les éléments au *Bulletin de statistique et de législation comparée*, publié par le ministère des finances (août 1880), résument l'histoire de l'impôt des patentes pendant les vingt et une dernières années :

PRODUIT DE L'IMPOT EN PRINCIPAL

	DROIT FIXE		DROIT PROPORTIONNEL		TOTAL	
	1859	1879	1859	1879	1859	1879
	Fr.	Fr.	Fr.	Fr.	Fr.	Fr.
Tableau **A**. . . .	17.724.375	22.429.495	16.238.618	32.937 036	33.962.993	55.366.531
Tableau **B**. . . .	2.098.960	2.486.003	1.313.621	3.393 062	3.412.581	5.879.065
Tableau **C**. . . .	5.182.023	8.139.430	5.393.810	8.403.257	10.575.833	16.542.687
Tableau **D**. . . .	»	»	1.426.605	2.252.687	1.426.605	2.252.687
Totaux.	25.005.358	33.054.928	24.472.654	46.986.042	49,378.012	80.040.970

leur imposer un droit fixe établi d'après une échelle comprenant six degrés différents. Cette institution a été abolie en 1844, à cause des abus qui s'y étaient introduits.

Enfin, la loi du 25 avril 1844, qui régit encore aujourd'hui l'assiette de la contribution des patentes, est venue coordonner, en la modifiant, et réunir en un seul code la législation antérieure. Le caractère de cette loi est la tendance à l'individualisme des taxes par la multiplication des classes du tableau dans lequel sont rangées les professions taxées d'après un tarif général, par l'extension considérable du nombre des industries imposées d'après les moyens de production, et par l'augmentation du nombre des professions inscrites dans les différents tableaux, à la nomenclature légale.

Elle supprime l'intervention des comités locaux qui étaient chargés de déterminer le tarif applicable à tel ou tel patentable industriel. Enfin elle établit l'équilibre entre le droit fixe et le droit proportionnel en faisant varier, dans un grand nombre de cas, le taux du droit proportionnel.

Les lois qui, avec celle du 25 avril 1844, complètent l'ensemble de la législation actuelle, portent les dates des 18 mai 1850, 10 juin 1853, 4 juin 1858, 26 juillet 1860, 2 juillet 1862, 13 mai 1863, 18 juillet 1866, 2 août 1868, 8 mai 1869, 27 juillet 1870, 16 et 23 juillet 1872. Elles ont,

	NOMBRE DE PATENTÉS		PATENTE MOYENNE		VALEUR LOCATIVE (1)	
	1859	1879	1859	1879	1859	1879
			Fr.	Fr.	Fr.	Fr.
Tableau **A** . . .	1.188.918	1,351.488	28.56	40.97	354.848.155	667.419.891
Tableau **B** . . .	11.513	16.466	295.45	357.04	21.471.766	40.277.231
Tableau **C** . . .	185.479	223.149	57.01	74.13	182.087.457	281.893.263
Tableau **D** . . .	52.012	49.661	27.42	45.36	21.399.075	33.790.322
Totaux . . .	1.437.922	1.640.764	34.34	48.78	579.806.453	1.023.380.707

IV. — On trouvera dans les chapitres suivants, consacrés à l'analyse de la loi de 1880 comparée au régime précédent, les modifications qu'elle consacre, soit dans les dispositions générales, soit dans les classifications et les tarifs des professions qui intéressent les industries textiles. Il nous suffira, dans cet exposé préliminaire, d'indiquer l'esprit qui a inspiré le législateur.

Le côté le plus saillant de son œuvre, M. Labadié, rapporteur de la Chambre des députés, l'a déclaré lui-même en séance publique, est la réduction du droit proportionnel sur presque toutes les catégories de patentés. De 1845 à 1879, le droit proportionnel s'était accru, comme on vient de le voir par les tableaux qui précèdent, beaucoup plus rapidement que le droit fixe (2). Il a paru équitable que les dégrèvements rendus possibles par nos excédents budgétaires portassent de préférence sur la partie de l'impôt qui avait pris, grâce à la cherté croissante des loyers, une extension si considérable.

La question de la suppression du droit proportionnel sur la maison d'habitation avait déjà été soulevée lors de la préparation de la loi de 1844. Les mêmes arguments ont été reproduits. La plupart des Chambres de commerce ont demandé que cette taxe, qui vient rechercher le patenté même dans son domicile particulier, espèce d'impôt somptuaire n'ayant rien de commun ni avec le commerce ni avec l'industrie, fût rayée de la loi comme faisant double emploi avec la contribution mobilière, comme n'étant pas en rapport avec

---

pour ainsi dire, continué l'œuvre de la loi de 1844 en cherchant à spécifier, pour chaque profession, la taxe qui lui est le plus justement applicable.

Elles ont apporté de notables restrictions au principe de l'unité de taxe. Enfin elles accusent une tendance de plus en plus marquée à faire perdre à la contribution des patentes le caractère d'impôt personnel pour lui donner le caractère d'impôt réel. (Exposé des motifs du projet de loi présenté par M. Léon Say.)

(1) Servant de base au droit proportionnel.

(2) En 1845, le montant en principal du droit proportionnel n'était que de 15,495,483 fr., il s'était donc accru de 1845 à 1879 de 203 0/0, tandis que, pour le droit fixe qui atteignait 19,302,932 fr. en 1845, la progression n'avait été que de 72 0/0.

les bénéfices commerciaux du patenté, mais dépendant, soit de ses goûts personnels, soit encore du nombre des membres de sa famille, comme injuste et contraire à la proportionnalité, en un mot. La Chambre syndicale du commerce et de l'industrie des matières textiles de Paris a développé dans une pétition ces arguments qui ont trouvé des échos au sein des commissions parlementaires, mais n'ont pas convaincu la majorité. Si le loyer de la maison d'habitation, de même que celui des locaux professionnels, n'est pas toujours un signe infaillible de la richesse des patentés et de l'importance des affaires, disent en substance MM. Labadié et Fournier, rapporteurs de la Chambre et du Sénat, il est cependant un des p l sûrs, lus e seul qui, en écartant toute recherche inquisitoriale, soit à la portée de l'administration ; enfin, il est un des correctifs des inégalités qui résulteraient du droit fixe seul.

Les deux Chambres se sont trouvées d'accord pour conserver le principe du droit proportionnel en modérant son application, sauf pour le haut commerce (tableau B), qui a été laissé en dehors de cette mesure générale de dégrèvement du droit proportionnel, comme n'étant pas suffisamment atteint par les droits actuels, eu égard à l'importance qu'il a acquise.

La recherche d'une péréquation plus exacte de l'impôt a également conduit le législateur à augmenter ou à ne pas réduire les droits fixes du grand commerce afin de pouvoir dégrever plus largement le petit commerce et l'industrie.

Cette préoccupation d'améliorer de préférence la situation des petits contribuables se retrouve non seulement dans les remaniements de détail des tarifs, mais dans plusieurs dispositions générales de la loi nouvelle, telles que :

La suppression définitive de la limite du maximum, qui avait survécu, malgré la loi de 1872, dans certaines industries ;

L'exemption partielle ou totale des droits fixes pour les associés secondaires des sociétés en nom collectif appartenant aux professions des tableaux B et C, et celle des droits proportionnels pour les associés secondaires de toutes les catégories ;

La substitution, très rationnelle, comme élément de la taxe fixe, des unités aux groupes d'éléments de production dans certaines industries (1) ;

L'élévation de la taxe déterminée et du droit fixe par employé, du haut commerce ;

---

(1) Comme le moulinage de la soie, dont le droit fixe se calcule par tavelle au lieu de se calculer par centaine de tavelles ; les ateliers d'impression taxés par table d'impression et non plus par groupe indivisible de vingt-cinq tables, etc.

La réduction et souvent la suppression complète des droits fixes invariables sur la plupart des industries du tableau C ;

L'exemption de la taxe par employé au-dessous du nombre de cinq.

V. — Le législateur n'a pas voulu cependant aller jusqu'à la taxe progressive qui eût rencontré un certain nombre de partisans. C'est au sujet de la taxe par employé des patentés du tableau B, que le principe de la progression de l'impôt a été soulevé. M. Gaslonde avait déposé un amendement (retiré en séance publique) aux termes duquel la taxe croissait de 50 à 100 employés, de 100 à 200, de 200 à 300, de 300 à 400, et variait suivant la population. M. Girault (du Cher), soutint, de son côté, un autre amendement portant de 25 à 50 fr. la taxe pour les contribuables occupant plus de cent ouvriers et augmentant celle-ci de 20 fr. par chaque centaine d'ouvriers employés en sus.

Ces influences avaient déterminé la Chambre des députés à leur donner une satisfaction partielle en doublant la taxe par employé dans les maisons de plusieurs espèces de marchandises, occupant plus de deux cents ouvriers. Ce premier pas fait dans la voie de l'impôt progressif n'a pas été sanctionné par le Sénat, comme contraire au principe fondamental de la loi : la proprotionnalité (1).

VI. — Telle qu'elle vient d'être votée, notre législation des patentes ouvre encore la porte à de nombreuses améliorations. Avant même d'être appliquée, elle a soulevé des protestations de la part de plusieurs industries dont les taxes se sont trouvées aggravées dans une mesure considérable par un changement de classification. Telle est, pour ne citer qu'un exemple pris parmi les industries qui nous touchent particulièrement, la fabrique de

----

(1) Pour rétablir la pondération des droits entre les maisons moyennes et les grandes maisons de nouveautés, il nous semble, disait le rapporteur de la Chambre des députés, qu'il convient de doubler la taxe par employé, lorsque le nombre des employés dépasse celui de deu cents et de créer ainsi une catégorie spéciale. Il vous paraîtra sans doute juste, comme à nous, de frapper dans une mesure comparativemeut exceptionnelle, des maisons dont les affaires se chiffrent par millions, et qui ne sauraient être mises en parallèle avec le commerce ordinaire. »

Tout en se déclarant l'adversaire de l'impôt progressif et en faisant remarquer que les patentes du tableau B avaient été grevées d'augmentations plus fortes en 1872 que celles des tableaux A et C, le gouvernement avait un peu ouvert lui-même la porte à ces revendications : « Dans les critiques qui ont été formulées contre les tarifs actuels de patente, disait le ministre des finances dans son exposé des motifs, on s'est généralement accordé à reconnaître que le développement pris par le haut commerce et par la grande industrie, en les plaçant dans des conditions favorables de concurrence vis-à-vis des industries et commerces plus restreints, avaient eu pour effet de diminuer pour eux le poids de la patente et de troubler ainsi la proportionnalité que l'on s'est toujours efforcé de maintenir dans les charges fiscales. »

La commission du sénat n'a pas consenti à s'écarter en quoi que ce soit du principe de la proportionnalité qu'elle a regardé comme essentiel et fondamental.

« La commission d'ailleurs a été touchée, lit-on dans le rapport de M. Fournier, du carac-

tulles et dentelles. Dès l'année prochaine, un amendement rectificatif du tarif des métiers de tulles et dentelles devra être proposé. Une autre partie du tarif à laquelle nous consacrons à la fin de ce travail un chapitre spécial appelle également une réforme, ou tout au moins une interprétation plus libérale de l'administration; nous voulons parler des fabricants à métiers à façon que la loi nouvelle frappe très lourdement.

Ce sont là des critiques de détail, qu'on pourrait multiplier. Quant au principe même de la contribution des patentes, il n'est pas une des formes multiples servant d'assiette à l'établissement des droits, qui ne prêtent à des griefs plus ou moins justifiés. Mais si nous parcourions ici la liste des impôts destinés à assurer le service d'un budget annuel de près de trois milliards, combien en trouverions-nous qui réalisent l'idéal de la perfection, qui soient en rapport exact avec le revenu de la valeur qu'ils doivent atteindre? aucun. L'un des membres de la Chambre des députés, M. Girault (du Cher), est allé jusqu'à soutenir, non sans talent, cette thèse singulièrement paradoxale de la suppression de la patente sur les industries et de son remplacement par un impôt sur les oisifs. La vérité est que la patente, créée en 1791 comme une sorte de rachat des droits de jurande et de maîtrise, a, depuis quatre-vingt-dix ans, servi de texte à une série presque ininterrompue d'enquêtes administratives et parlementaires, d'études et de dissertations innombrables, et qu'aucun instrument de perception fiscale équivalente sur les bénéfices industriels et commerciaux n'a encore été découvert. Aujourd'hui, plus que jamais, il serait difficile de remplacer un impôt qui fait entrer près de deux cents millions dans les caisses du Trésor public.

En fin de compte, la loi du 15 juillet 1880 constitue un réel progrès sur ses devancières et elle consacre des dégrèvements importants dont les excédents budgétaires des dernières années ont permis de faire bénéficier l'immense majorité des patentés.

Déjà, en 1879 (1), les Chambres, sur la demande du gouvernement, avaient

---

tère anormal de la taxe qui, après avoir admis une cotisation de 25 fr. par employé, élève cette cotisation à 50 fr. sur les deux cents premiers employés lorsque le nombre total vient à dépasser ce chiffre, même d'une seule unité.

« L'existence de ces grands établissements, a-t-on dit, n'est que la manifestation d'une tendance croissante à la centralisation des affaires. Il ne peut être question de réagir par voie de taxation contre un semblable fait économique, et tel ne peut être le but de la loi en préparation; elle doit chercher uniquement les moyens d'exiger des grands magasins une taxe proportionnelle à leurs bénéfices. Or il n'est pas prouvé que, payant le droit proportionnel au dixième sur des locaux immenses, un droit déterminé, une taxe qui s'accroît avec le nombre des employés et dont les petites industries sont exemptes, ils ne supportent pas une charge en rapport avec leurs bénéfices. »

(1) Loi du 30 juillet 1879.

détaché du projet de M Léon Say des dispositions réduisant le droit fixe de la 4e classe, et abaissant du 20e au 30e le taux du droit proportionnel des 5et 6e classes du tableau A. Les sacrifices faits par l'Etat, de ce chef, s'élevaient à 4,819,000 fr. en principal.

Le projet déposé par M. Léon Say réduisait de nouveau le principal de la contribution des patentes de 475,000 fr. seulement.

La Chambre des députés, entrant plus avant dans la voie des dégrèvements, a voté un abandon de recettes de 4,790,000 fr. et les réductions de taxe votées par le Sénat s'élèvent à 339,000 fr. La remise totale d'impôt concédée par la nouvelle loi se traduit donc en principal par la somme de. . . . . 5.129.000 fr.
à laquelle il faut ajouter :

  1° Pour les centimes généraux. 1.775.000

  2° Pour les centimes départementaux, communaux et fonds de non-valeurs. 3.796.000

                       Total 10.700.000 (1)
se répartissant ainsi :

  Budget de l'Etat. . . . . 6.494.000 fr.

  Budget des départements et des communes. . . . 4.206.000

Ajoutons que les commissions spéciales de la Chambre des députés et du Sénat ont, par l'organe de leurs rapporteurs, insisté auprès du gouvernement à l'effet d'obtenir la suppression à brève échéance, des centimes généraux extraordinaires. Ces centimes, établis à titre temporaire et provisoire, en 1872 au nombre de 63 (2), réduits à 43 l'année suivante, et à 20, à partir de 1880 (3) par la loi du 30 juillet 1879, s'ajoutent, en effet, encore aujourd'hui, au principal de la contribution des patentes.

(1) 2e rapport de M. Labadié à la Chambre des députés, *Journal officiel* du 28 juillet 1880.
(2) De 1873 à 1878, les centimes généraux extraordinaires ont produit (à raison de 63 centimes en 1873 et de 43 centimes de 1874 à 1878) la somme de 213,919,605 fr.
(3) La réduction de 43 à 20 centimes a réduit la contribution des patentes de 1880 de 18,201,050 francs.

CHAPITRE II

DISPOSITIONS GÉNÉRALES DE LA LOI DES PATENTES

Nous analysons dans ce chapitre les dispositions de la loi du 15 juillet 1880, en nous attachant à rassembler les textes des divers articles de la loi qui se rapportent au même objet, et à mettre en lumière les modifications qu'elles apportent à la législation actuelle.

I. — PROFESSIONS SOUMISES A LA PATENTE

1. La patente est due par tous les commerçants et les industriels. — La contribution des patentes, impôt sur les bénéfices industriels et commerciaux, est due par tout individu français ou étranger, qui exerce en France un commerce, une industrie, une profession (art. 1). Ces commerces, industries et professions sont énumérés dans des tableaux A, B, C, D, annexés à la loi des patentes (art. 3).

Les commerces, industries ou professions non dénommés dans ces tableaux n'en sont pas moins assujettis à la patente. Les droits auxquels ils doivent être soumis sont réglés, d'après l'analogie des opérations ou des objets de commerce, par un arrêté spécial du préfet, rendu sur la proposition du directeur des contributions directes, et après avis du maire. Tous les cinq ans, des tableaux additionnels contenant la nomenclature des commerces, industries et professions classés par voie d'assimilation, depuis trois années au moins, sont soumis à la sanction législative (art. 4).

Ces dispositions sont empruntées à la loi de 1844.

2. Exemptions partielles ou totales de la patente. — Le principe fondamental de la contribution des patentes, due par tous les individus exerçant une profession quelconque, souffre néanmoins quelques exceptions.

Ces exceptions font l'objet de l'art. 17 de la loi qui a réuni en un seul contexte les prescriptions des lois de 1844, 1850, 1858, 1862 et 1868.

Cet art. 17 exempte en totalité de la patente, parmi les professions qui nous intéressent :

Les commis et toutes les personnes travaillant à gages, à façon et à la journée dans les maisons, ateliers et boutiques des personnes de leur profession ;

Les ouvriers travaillant chez eux ou chez les particuliers, sans compagnon ni apprenti, soit qu'ils travaillent à façon, soit qu'ils travaillent pour leur compte, et avec des matières à eux appartenant, qu'ils aient, ou non, une enseigne ou une boutique (1) ;

Les ouvriers travaillant en chambre avec un apprenti âgé de moins de seize ans ;

La veuve qui continue avec l'aide d'un seul ouvrier ou d'un seul apprenti la profession précédemment exercée par son mari, est de plus admise, par la loi de 1880, en application du principe qui fait exempter de la patente l'ouvrier travaillant seul, à jouir de la même immunité (disposition nouvelle) ;

La femme travaillant avec son mari ; les enfants non mariés travaillant avec leurs père et mère ; le simple manœuvre dont le concours est indispensable à l'exercice de la profession, ne sont point d'ailleurs considérés comme compagnons et apprentis.

L'exemption totale de la patente s'étend également, en vertu de l'art. 17, aux associés en commandite. En ce qui concerne les sociétés en nom collectif, elles bénéficient, comme on le verra plus loin, seulement d'immunités partielles (art. 21).

Les vendeurs en ambulance et les marchands sous échoppe et en étalage des étoffes et autres matières textiles, ne sont passibles que de la moitié des droits que payent les marchands qui vendent les mêmes objets en boutique (art. 18). Mais tout individu transportant des marchandises de commune en commune, lors même qu'il vend pour le compte de marchands ou de fabricants, est tenu d'avoir une patente personnelle qui est, selon le

(1) Un ouvrier qui n'a occupé un apprenti qu'accidentellement a droit à l'exemption de patente accordée aux ouvriers travaillant sans compagnon ni apprenti (Arr. Cons. d'État, 19 décembre 1879).

Mais cette exemption n'est pas applicable à un ouvrier travaillant avec son frère alors même que celui-ci est associé avec lui pour l'exploitation et le partage des bénéfices (Arr. Cons. d'État, 19 décembre 1879).

cas, celle de marchand forain avec balle, avec bête de somme ou avec voiture (art. 23).

3. Sociétés en nom collectif. — Les associés secondaires des sociétés en nom collectif étant soumis à des régimes différents suivant qu'ils appartiennent aux tableaux A, B, et C, de la loi des patentes, il n'est pas inutile de faire connaître les règles générales qui président, en ce qui les concerne, à l'établissement des droits, telles qu'elles ont été fixées par les décisions administratives ou les arrêts du Conseil d'État :

Est considéré comme associé principal celui qui est le premier en nom dans l'acte de société, s'il a la gestion des affaires ; dans le cas contraire celui qui a la plus forte mise de fonds.

La patente est due, malgré l'absence d'un acte de société, par tous les membres d'une association dont l'existence est suffisamment établie (Arr. Conseil d'État 16 août 1867 et 26 juillet 1878).

L'associé résidant à l'étranger, d'une maison dont le siège est en France, est imposable à la patente comme associé secondaire, au lieu du siège de la maison (Arr. Conseil d'État 13 septembre 1855).

Les associés en nom collectif sont imposables alors même qu'ils ne prennent aucune part à la gestion des affaires (Arr. Conseil d'État 9 janvier 1856).

Les enfants mineurs d'un commerçant pour le compte desquels le commerce continue d'être exercé par un tiers, ne peuvent être considérés comme associés (Arr. Conseil d'État 27 juin 1879).

N'est point imposable comme associé, l'employé d'une maison de commerce qui ne participe point aux pertes et auquel il est simplement accordé, en sus de ses appointements, un intérêt dans les bénéfices (Arr. Conseil d'État 21 janvier 1857).

II. — DES DIVERS DROITS DE PATENTE

La contribution des patentes comporte deux natures de taxes qui se combinent entre elles : des droits fixes et des droits proportionnels (art. 2).

DU DROIT FIXE

Sous la dénomination unique de droits fixes, on comprend deux espèces de taxes : une taxe déterminée et une taxe variable. L'expression de taxe déterminée est nouvelle dans notre législation des patentes. Elle a été employée par la commission de la Chambre des députés et adoptée par le Sénat (art. 7) pour exprimer la partie du droit fixe qui est établie à un chiffre invariable pour tous les industriels ou commerçants compris sous la même dénomination, par opposition à la taxe variable qui est établie suivant le nombre des employés, ouvriers, machines ou autres éléments d'imposition.

Cette taxe que le gouvernement proposait d'appeler droit *professionnel* est donc tout ce qu'il y a de plus variable et ment absolument à son nom. La taxe déterminée elle-même subit des variations suivant la population des villes où elle est perçue pour les professions du tableau B.

4. Assiette du droit fixe (1). — Le droit fixe, réglé conformément aux trois tableaux A, B, C, est établi (art. 3) :

Eu égard à la population et d'après un tarif général pour les industries et professions énumérées dans le tableau A;

Eu égard à la population et d'après un tarif exceptionnel pour les industries et professions portées dans le tableau B ;

Sans avoir égard à la population pour celles qui font l'objet du tableau C.

Les droits fixes sont imposables dans les communes où sont situés les établissements, boutiques ou magasins qui y donnent lieu (art. 8).

5. Exemptions du droit fixe. — Un certain nombre de professions, lorsqu'elles sont exercées à façon, bénéficient d'une réduction de moitié du droit fixe. Ces réductions étant accordées à titre exceptionnel, ne sont appliquées qu'aux industries en faveur desquelles elles sont mentionnées au tarif, et dans les seuls cas qui y sont déterminés. Les autres industriels à l'égard desquels il n'est point expressément accordé de réduction, pour le cas du travail à façon, sont donc imposés aux droits mentionnés dans le tarif, soit qu'ils opèrent pour leur compte, c'est-à-dire avec des matières qui leur appartiennent, soit qu'ils opèrent à façon, c'est-à-dire avec des matières qui leur sont fournies par des marchands ou fabricants. Exemple : les filateurs.

En ce qui concerne les fabriques à métiers, l'art. 13 de la loi de finances du 13 juin 1853 qui exemptait de la patente les fabricants à métiers à façon ayant moins de dix métiers, et réduisait le droit fixe de moitié pour ceux qui avaient dix métiers au plus, a été abrogé. La loi de 1880 exempte seulement de la patente les fabricants à façon dont le droit fixe calculé confor-

____

(1) L'art. 2 de la loi du 29 mars 1872 a décidé qu'à l'avenir « serait établi sans limite de maximum, le droit de patente des professions, commerces et industries compris dans les tableaux annexés aux lois en vigueur, et qui sont tarifés en raison du nombre des ouvriers, machines, instruments ou moyens de production et autres éléments variables d'imposition. » Néanmoins, cette limite du maximum avait été maintenue pour certaines industries. Sans faire l'objet d'un article de loi spécial, elle a disparu complétement par le fait du remaniement des tarifs.

mément au plein tarif n'excéderait pas 10 francs en principal, et réduit de moitié le droit fixe, lorsque celui-ci n'excéderait pas 50 fr. en principal.

Usines fonctionnant exclusivement à l'aide de moteurs hydrauliques. — Le gouvernement, la Chambre des députés et le Sénat ont été d'accord pour généraliser à toutes les industries fonctionnant *exclusivement* à l'aide de moteurs hydrauliques, les exemptions partielles incrites dans la législation précédente, en faveur des moulins, papeteries, scieries, etc. Le droit fixe est, pour ces industries, réduit de moitié pour ceux des éléments de cotisation qui par manque de crue d'eau, sont périodiquement forcés de chômer pendant une partie de l'année équivalente au moins à quatre mois (art. 2) consécutifs ou non (1).

Cette réduction, qui peut ne s'appliquer qu'à une partie des éléments de cotisation, et qui est du reste, limitée au droit fixe et ne s'étend nullement au droit proportionnel, n'est pas due lorsque le chômage est le résultat de toute autre cause, par exemple, de travaux d'entretien ou de réparations ou d'une crise industrielle.

6. Droit fixe établi en raison de la population. — Pour les professions dont le droit fixe varie en raison de la population du lieu où elles sont exercées, les tarifs sont appliqués d'après la population qui a été déterminée par le dernier décret de dénombrement (2). Néanmoins, lorsque ce dénombrement fait passer une commune dans une catégorie supérieure à celle dont elle faisait précédemment partie, l'augmentation du droit fixe n'est appliquée que par moitié pendant les cinq premières années (art. 5).

Dans les communes dont la population totale est de plus de 5,000 âmes, les patentables exerçant leur profession dans la banlieue payent le droit fixe d'après le tarif applicable à la population non agglomérée. Les patentables exerçant leur profession dans la partie agglomérée payent le droit fixe d'après le tarif applicable à la population totale (art. 6).

Ces dispositions n'innovent rien dans la législation actuelle.

7. Droit fixe sur les ouvriers, les employés et les instruments de production; exemptions. — Le droit fixe sur les ouvriers, les employés et les

---

(1) Cette exemption ne concerne que les usines hydrauliques condamnées à des chômages périodiques; elles ne s'appliquait pas, même en vertu de l'ancienne loi, aux meules mues à la vapeur fonctionnant une partie de l'année seulement (Arr. Cons. d'État 27 juin 1879).

(2) Le patentable établi dans une rue que les tableaux ayant servi de base au dénombrement ont comprise dans la partie agglomérée, est imposé au droit fixe de patente d'après le tarif applicable à la population totale, même quand le siège de son industrie serait en dehors des limites de l'octroi. (Arr. Cons. d'État 14 mars 1879).

instruments de production auquel sont soumis un grand nombre d'industries des tableaux B et C, varie suivant ces industries.

Par mesure générale, l'article 10 dispose que les individus au-dessous de seize ans et au-dessus de soixante-cinq ans, ne sont comptés, dans les éléments de cotisation, que pour la moitié de leur nombre. Cette disposition, qui a pour but de tenir compte de la faiblesse relative des vieillards et des enfants, a été empruntée textuellement à la loi de 4 juin 1858 (1).

En ce qui concerne la taxe par personne employée par les patentables du tableau B, elle n'est due qu'en sus du nombre de cinq.

Les associés secondaires des sociétés en nom collectif sont exempts du droit fixe sur les ouvriers, les employés et les instruments de production (art. 21).

Quant à la manière de calculer ce droit fixe, elle a été arrêtée ainsi par les instructions administratives :

Lorsque tous les ouvriers ou les métiers, étant disséminés, ne sont pas constamment occupés, le droit fixe est calculé non pas sur le nombre total des ouvriers ou des métiers, mais seulement sur le nombre des ouvriers ou des métiers nécessaires pour produire, en les supposant constamment occupés, le travail de tous les ouvriers ou métiers successivement occupés. On compte ainsi pour un ouvrier ou pour un métier seulement, la série d'ouvriers ou de métiers successivement employés, dont le travail collectif ne produit que ce qu'aurait pu produire un seul ouvrier ou un seul métier constamment employé. Mais lorsque les ouvriers ou les métiers sont agglomérés en usines, chacun d'eux est passible de la taxe, sans qu'il soit tenu compte des interruptions de travail et des chômages (2).

8. **Sociétés en nom collectif; associés secondaires ; exemptions ; sociétés anonymes ; sociétés en commandite.** — Dans les sociétés en nom collectif l'associé principal paye seul, en vertu de l'article 20, la quotité du droit fixe afférent à la profession. Le même droit est divisé en autant de parts égales qu'il y a d'associés en nom collectif, et une de ces parts est imposée

(1) On a vu plus haut, à propos des professions exemptées de la patente par l'art. 17, que, ni la femme travaillant avec son mari, ni les enfants non mariés travaillant avec leurs père et mère, ni le simple manœuvre dont l'aide est indispensable à l'exercice de la profession, ne sont considérés comme compagnons ou apprentis. Il résulte d'un arrêt du Conseil d'État que cette disposition n'est applicable qu'aux professions rangées dans le tableau A. La femme travaillant avec son mari et les enfants non mariés qui travaillent avec leur père exerçant une profession du tableau C imposable en raison du nombre des ouvriers, doivent être comptés pour l'assiette du droit fixe. (Arr. Cons. d'État 28 mars 1860.)

(2) Exemples : Un fabricant à métiers, imposé d'après le nombre de métiers en état de fonctionner que renferme son usine n'a pas droit à réduction par le motif qu'une partie seulement

à chaque associé secondaire (1), alors même qu'il ne prend aucune part à la gestion des affaires. Pour les associés habituellement employés comme simples ouvriers, cette part ne doit jamais, en conformité de la loi du 26 juillet 1860 qui est maintenue dans son principe, dépasser le vingtième du droit fixe imposable au nom de l'associé principal (2).

L'associé principal et les associés secondaires, quelle que soit leur résidence, sont imposés au droit fixe dans les communes où sont situés les établissements, boutiques ou magasins qui y donnent lieu.

Par exception aux dispositions précédentes, les associés secondaires des professions classées dans le tableau C sont affranchis du droit fixe sur le nombre des ouvriers, machines, instruments, moyens de production et autres éléments variables d'imposition. L'associé principal en est seul passible (art. 21). De même, pour les professions rangées dans le tableau B, le droit de patente des associés autres que l'associé principal ne porte pas sur les employés et autres éléments variables d'imposition. Mais, en ce qui concerne les associés secondaires, la part de la taxe déterminée est maintenue.

Le gouvernement et les Chambres ont considéré que, pour les professions du tableau C dont la taxe s'élève avec le nombre des ouvriers, machines etc., le concours des associés, se traduisant par un accroissement des éléments d'imposition, la patente actuelle commettait un double emploi, en frappant en outre chaque associé d'un droit de patente spécial. Pour les professions du tableau B qui sont taxées d'après certains éléments variables d'imposition, on a laissé subsister, pour les associés secondaires, la partie déterminée du droit fixe, afin de multiplier autant que possible les bases d'imposition, la présence des associés dans les sociétés de cette nature étant considérée comme constituant un signe de leur importance probable. En d'autres termes, l'exemption de la patente pour les associés secondaires ne s'applique qu'à la partie variable du droit fixe ; pour la partie non variable ils continuent à être imposés comme par le passé.

de ces métiers aurait été mise en activité pendant l'année de l'imposition. (Décision Conseil d'État du 15 janvier 1875. Janin, fabricant de velours, à Saint-Nazaire (Drôme.)

L'exploitant d'une filerie de cocons, imposé d'après le nombre des bassines en état de fonctionner que renferme son établissement n'a pas droit à réduction par le motif que la rareté des cocons ne lui aurait permis d'utiliser, pendant l'année de l'imposition qu'une partie de ces bassines. (Décision Conseil d'État du 10 juillet 1874. Chabert, à Chomérac (Ardèche.)

(1) Par exemple : étant donné un droit fixe de 300 fr. pour l'associé principal, s'il y a un seul associé secondaire, celui-ci payera 300 divisé par 2, soit 150 fr. ; s'il y a deux associés secondaires, chacun de ceux-ci payera 300 divisé par 3, soit 100 fr. et ainsi de suite.

(2) Mais ceux-ci n'ont pas droit, sous prétexte qu'ils seraient ouvriers, au bénéfice de cette disposition si, indépendamment des travaux manuels auxquels ils se livrent, ils prennent part à la surveillance de la fabrication confiée à des ouvriers étrangers, et à la vente des produits. (Arrêt de la cour de cassation, 25 juillet 1860.)

Les sociétés ou compagnies anonymes ayant pour but une entreprise industrielle ou commerciale, demeurent imposées pour chacun de leurs établissements, à un seul droit fixe, sous la désignation de l'objet de l'entreprise (art. 22).

Les associés en commandite sont exemptés de la patente par l'art. 17.

Ajoutons que les sociétaires ou actionnaires des sociétés ou compagnies anonymes, les gérants et associés solidaires des sociétés en commandite restent soumis au payement des droits de patente auxquels ils pourraient être personnellement assujettis pour l'exercice d'une industrie particulière (art. 22).

9. Pluralité de commerces, industries ou professions dans un même établissement. — Le patentable qui, dans un même établissement, exerce plusieurs commerces, industries ou professions, ne peut être soumis qu'à un seul droit fixe, lequel est le plus élevé de ceux qu'il aurait à payer s'il était assujetti à autant de droits fixes qu'il exerce de professions. Dans le cas où ces professions comportent des taxes variables et des taxes déterminées, il ne paye que la plus élevée des taxes déterminées, mais il est assujetti aux taxes variables (à raison du nombre d'employés, d'ouvriers, de machines ou autres éléments d'imposition), d'après *tous* les éléments d'imposition afférents aux diverses professions exercées (art. 7) (1).

Ces dispositions combinent, sans y apporter de modifications essentielles, les art. 4 de la loi de 1844 et 17 de la loi du 18 mai 1850; mais elles ont une portée plus étendue que celle de la loi de 1850 qui n'autorisait que pour le tableau C, le cumul des taxes variables par élément de production, lequel s'applique désormais aux professions du tableau B.

10. Pluralité d'établissements dans des locaux différents. — Le patentable ayant plusieurs établissements, boutiques ou magasins de même espèce ou d'espèces différentes, reste, quel que soit le tableau auquel il appartient, passible (dans la commune où ils sont situés) d'un droit fixe pour chacun de ces établissements (art. 8).

Toutefois, en vertu de l'art. 9, reproduit de la loi du 2 août 1868, le patentable qui exploite un établissement industriel et qui n'y effectue pas la vente de ses produits, est exempt du droit fixe pour le magasin séparé dans lequel sont vendus *exclusivement en gros, les seuls produits* de sa fabrication (2).

---

(1) Exemple : Une usine de filature et moulinage de soie contenant 50 bassines et 1,000 tavelles, l'établissement sera passible du droit déterminé du moulinage, plus de la taxe variable sur 50 bassines et de la taxe variable sur 1,000 tavelles.

(2) Ne peut invoquer le bénéfice de cette exemption le fabricant qui vend ses produits en

Dans le cas où la vente a lieu dans plusieurs magasins, cette exemption du droit fixe n'est applicable qu'à celui de ces magasins qui est le plus rapproché du centre de l'établissement de fabrication (art. 9) (1).

On considère comme ne formant qu'un seul établissement un ensemble d'usines, d'ateliers et de bâtiments renfermés dans une même clôture, ou situés dans un même *lieu-dit*, quoique de nature différente, mais concourant au même résultat industriel, lorsque d'ailleurs les travaux exécutés pour le compte du même individu ou de la même société sont placés sous une seule et même direction. Ajoutons avec le *Répertoire de Jurisprudence* de Dalloz (1880, 4ᵉ partie, p. 69) que « toutes les fois que le Conseil d'État a à apprécier la situation de contribuables dont le droit fixe est calculé d'après les tarifs sur le montant de leurs opérations et qui, en fait, ont été imposés au siège de leur industrie, sur le montant total des opérations auxquelles ils se livrent dans diverses localités, il se montre peu disposé à admettre dans ces localités l'existence d'établissements distincts pouvant donner lieu à l'imposition d'autres droits fixes (2). »

DROIT PROPORTIONNEL

Le droit proportionnel constitue le second élément, le plus important, de la contribution des patentes : sur un total de 80,049,970 fr., produit total en principal des patentes en 1879, le droit proportionnel était représenté par 46,986,042 fr. et le droit fixe pour 33,054,928 fr.

11. Assiette du droit proportionnel. — Le droit proportionnel est établi sur la valeur locative, tant de la maison d'habitation que des magasins, boutiques, usines, ateliers, hangars, remises, chantiers et autres locaux servant à l'exercice des professions imposables. Il est dû, lors même que

---

demi-gros, ni celui qui vend dans son magasin des marchandises *autres* que celles qu'il a fabriquées, car, alors, il fait acte de commerçant en même temps que d'industriel (Arr. Cons. d'État 14 mai et 16 juillet 1870). Mais le fabricant qui vend des tissus achetés par lui est exempté du droit fixe additionnel, si avant de les mettre en vente, il leur fait subir diverses préparations qui en transforment le caractère (Arr. Cons. d'État 26 juillet 1878).

(1) Le fabricant fait également acte de commerçant quand il a plusieurs magasins, et c'est pourquoi l'exemption du droit fixe n'est acquise qu'à un seul de ces magasins, ainsi que l'a expliqué M. Busson-Billault, rapporteur de la loi de 1868. Le Conseil d'État a même considéré comme ayant un établissement distinct, passible d'un droit fixe de patente en raison de cet établissement, le marchand de tissus en gros qui possède dans une ville éloignée de celle où est son établissement, un autre établissement à la tête duquel est un préposé spécial qui traite avec les acheteurs et encaisse les payements (Arr. du 8 février 1878).

(2) Il n'y a pas lieu de considérer comme établissement distinct, un atelier qui n'est pas muni de tous les moyens nécessaires pour exécuter complètement la fabrication d'un produit et qui n'est de la sorte, qu'une annexe de l'établissement imposé (Arr. Cons. d'État 17 novembre 1870).

les locaux sont concédés à titre gratuit ; et, pour les usines et les établissements industriels, il est calculé sur la valeur locative de ces établissements, pris dans leur ensemble, et *pourvus de tous leurs moyens matériels de production* (art. 12) (1).

La valeur locative est déterminée, soit au moyen de baux authentiques, ou de déclarations de locations verbales duement enregistrées (2), soit par comparaisons avec d'autres locaux dont le loyer a été régulièrement constaté ou est notoirement connu (3), et, à défaut de ces bases, par voie d'appréciation (art. 12).

Le droit proportionnel est imposé partout où se rencontrent les éléments qui servent à l'établir. Il est payé dans toutes les communes où sont situés les locaux imposés. Si, indépendamment de la maison où il fait sa résidence habituelle et principale, le patentable possède, soit dans la même commune, soit dans des communes différentes, une ou plusieurs maisons d'habitation, il ne paye le droit proportionnel que pour celles de ces maisons qui servent à l'exercice de sa profession. Le patentable est, dans tous les cas, passible du droit proportionnel sur la maison où il fait sa résidence habituelle, sauf lorsque l'industrie pour laquelle il est assujetti ne constitue pas sa profession principale et qu'il ne l'exerce pas par lui-même. Dans cette circonstance, il ne paye le droit proportionnel que sur la maison d'habitation de l'agent préposé à l'exploitation (art. 14).

Ces dispositions sont empruntées aux lois précédentes.

12. Exemptions du droit proportionnel. — Le taux du droit proportionnel varie, suivant les tableaux et les classes où sont rangées les diverses professions, du 10e au 60e. Il a été très sensiblement abaissé par la loi nouvelle, pour la plupart des industries.

Sont exemptés du droit proportionnel : les patentables des 7e et 8e classes du tableau A, qui exercent leur profession en ambulance, sous échoppe ou en étalage ; les patentables des mêmes classes qui résident dans les communes de 20,000 âmes et au-dessous. Si ces mêmes communes

---

(1) Nous soulignons les mots : *pourvus de tous leurs moyens matériels de production ;* il doit être tenu compte même de la valeur de la force motrice hydraulique utilisée (Arr. conseil d'État, 20 décembre 1878), et, dans les ateliers de tissage, de la valeur des métiers. (Arr. cons. d'État, 8 novembre 1878.)

(2) Toutefois le droit proportionnel peut être établi d'après une valeur locative supérieure au prix de location résultant d'un bail authentique, lorsqu'il est constant que ce prix est inférieur à la valeur réelle. (Arr. cons. d'État, 2 novembre 1877.)

(3) Lorsqu'il s'agit d'établir la valeur locative par comparaison, les termes de cette comparaison peuvent être pris soit dans la commune, soit en dehors. (Instruction générale, 31 juillet 1878.)

viennent à passer, en vertu d'un nouveau dénombrement, dans la catégorie des communes au-dessus de 20,000 âmes, les patentables de ces mêmes 7ᵉ et 8ᵉ classes ne doivent être soumis au droit proportionnel que dans le cas où un second dénombrement aurait maintenu lesdites communes dans la même catégorie.

Les associés secondaires des sociétés en nom collectif restent affranchis du droit proportionnel sur la maison d'habitation, à moins que celle-ci ne serve à l'exercice de l'industrie sociale (art. 21).

13. Pluralité d'établissements ou de professions. — Le patentable qui exerce dans un même local ou dans des locaux non distincts plusieurs industries ou professions passibles d'un droit proportionnel différent, paye ce droit d'après le taux applicable à la profession pour laquelle il est assujetti au droit fixe. Si les locaux sont distincts, il paye pour chaque local le droit proportionnel applicable à l'industrie ou à la profession qui y est spécialement exercée.

Dans tous les cas, le droit proportionnel est établi sur la maison d'habitation d'après le taux applicable à celle des professions imposées au droit fixe, qui comporte, pour ce droit proportionnel, le taux le plus élevé (art. 15), tandis que jusqu'à présent le droit proportionnel était calculé d'après le taux afférent à la profession qui comportait le droit fixe le plus élevé, même dans le cas où le droit proportionnel correspondant était plus faible.

14. Sociétés en nom collectif; associés secondaires. Sociétés anonymes, en commandite. — Dans les sociétés en nom collectif, le droit proportionnel est établi seulement sur la maison d'habitation de l'associé principal et sur tous les locaux qui servent à la société pour l'exercice de son industrie. La maison d'habitation de chacun des autres associés est affranchie, à moins qu'elle ne serve à l'exercice de l'industrie sociale (1). En ce dernier cas, elle est, de même que les autres locaux servant à l'industrie sociale, imposable au nom de l'associé principal (art. 20). Cette dernière disposition développe le texte de la loi de 1844 dans le sens de l'interprétation qu'il avait toujours reçue, et fixe simplement, avec plus de clarté, la législation.

Les associés en commandite sont exempts du droit proportionnel comme exemptés de la patente, en vertu de l'article 17.

---

(1) L'habitation d'un associé secondaire, située dans la même maison que l'établissement social et disposée de manière que celui-ci puisse y exercer une surveillance continuelle, est considérée comme servant à l'exercice de l'industrie sociale. (Arr. cons. d'État, 1ᵉʳ avril 1877.)

III. — DISPOSITIONS ADMINISTRATIVES

RAPPORTS DES CONTRIBUABLES AVEC L'ADMINISTRATION

Nous ne relèverons ici que les dispositions qui intéressent directement les contribuables, en laissant de côté celles qui concernent plus spécialement le personnel des contributions. La nouvelle législation se borne, à part quelques modifications de détail, à maintenir les lois précédentes.

15. Formation des matrices de patente. — Les contrôleurs des contributions directes, qui peuvent être assistés du maire ou de son délégué, doivent procéder annuellement au recensement des imposables et à la formation de la matrice des patentes. Celle-ci est déposée pendant dix jours au secrétariat de la mairie, afin que les intéressés puissent en prendre connaissance et remettre au maire leurs observations (art. 25).

16. Réclamations des contribuables. — Les patentés qui ont à réclamer contre la fixation de leurs taxes sont admis à prouver la justice de leurs réclamations par la présentation d'actes de société, légalement publiés, de journaux et livres de commerce régulièrement tenus, et par tous les autres documents (art. 26). Les réclamations en décharge ou réduction et les demandes en remise ou modération sont communiquées au maire. Elles sont d'ailleurs présentées, instruites et jugées dans les formes et délais prescrits pour les autres contributions directes (art. 27) (1).

17. Annualité de l'impôt. Exceptions. — La contribution des patentes est due pour l'année entière par tous les individus exerçant au mois de janvier une profession imposable (art. 28). Ce principe qui domine toute la législation comporte toutefois certaines dérogations.

En cas de fermeture des magasins, boutiques et ateliers, par suite de décès ou de faillite déclarée, les droits ne sont dus que pour le passé et le mois courant. Sur la réclamation des parties intéressées, il est accordé décharge du surplus de la taxe (art. 28). M. Pleissier a défendu devant la

---

(1) Les demandes en réduction ou décharge d'impôt doivent être adressées à la préfecture pour l'arrondissement chef-lieu et à la sous-préfecture pour les autres arrondissements, *dans les trois mois* de la publication des rôles. Elles doivent être rédigées sur papier timbré et accompagnées de l'avertissement des contributions et d'une quittance des termes échus de l'année.

Chambre des députés, un amendement tendant à ajouter à ces cas d'exemption la « fin de bail ». Cet amendement a été rejeté.

Le même article 28 dispose que ceux qui entreprennent dans le cours de l'année une profession sujette à la patente ne doivent la contribution qu'à partir du 1er du mois dans lequel ils ont commencé d'exercer, à moins que, par sa nature, la profession ne puisse pas être exercée pendant toute l'année. Dans ce cas, la contribution est due pour l'année entière, quelle que soit l'époque à laquelle la profession aurait été entreprise (art. 28).

Les patentés qui, dans le cours de l'année, entreprennent une profession comportant un droit fixe plus élevé que celui qui était afférent à la profession qu'ils exerçaient d'abord ou qui transportent leur établissement dans une commune d'une plus forte population, sont tenus de payer au prorata, un supplément de droit fixe. Il est également dû un supplément de droit proportionnel par les patentables qui prennent des maisons ou locaux d'une valeur locative supérieure à celle des maisons ou locaux pour lesquels ils ont été primitivement imposés, et par ceux qui entreprennent une profession passible d'un droit proportionnel plus élevé. Ces suppléments sont dus à compter du 1er du mois dans lequel les changements ont été opérés (art. 28).

La loi a prévu seulement le cas où le commerçant augmenterait ses frais d'une façon quelconque. M. Beauquier a demandé que la réciproque fût admise, c'est-à-dire que la patente fût réduite dans le cas où le commerçant réduirait volontairement, dans le cours de l'année, l'importance de son commerce ou ses frais de loyer. Un amendement, développé par lui en séance publique, a été rejeté par la Chambre des députés.

18. Rôles supplémentaires. — Les patentés qui exerçaient une profession sujette à la patente au 1er janvier, ou qui antérieurement à la même époque, avaient apporté à leur profession des changements donnant lieu à des changements de droits, et qui ont été omis aux rôles primitifs, sont imposables au moyen de rôles supplémentaires. Toutefois, les droits ne sont dus qu'à partir du 1er janvier de l'année pour laquelle le rôle primitif a été émis (art. 28). Il y a donc prescription pour les années antérieures.

19. Cession d'établissement. — En cas de cession d'établissement dans le cours de l'année, la patente est, sur la demande du cédant ou du successeur, transmise à ce dernier (art. 28). Jusqu'à présent, le cédant avait seul qualité pour réclamer la mutation de la cote. Lorsque celui-ci négligeait de présenter sa réclamation, le cessionnaire était exposé à être personnellement compris au rôle, alors même que l'acte de cession l'aurait obligé à payer les droits de patente inscrits au nom de son prédécesseur. C'est pour obvier à ce double emploi que la loi du 15 juillet 1880 accorde au cessionnaire la faculté de se mettre lui-même en règle avec l'administration.

La demande du transfert est recevable dans le délai de trois mois, à partir, soit de la cession de l'établissement, soit de la publication du rôle supplémentaire dans lequel le cessionnaire est personnellement imposé (art. 28).

20. Délais pour le payement de la patente. — La contribution des patentes est payable par douzièmes. Dans le cas où le rôle n'est publié que postérieurement au 1er mars, les douzièmes échus ne sont pas immédiatement exigibles ; le recouvrement en est fait par portions égales, en même temps que celui des douzièmes non échus (art. 29) ; mais en cas de déménagement hors du ressort de la perception, comme en cas de vente volontaire ou forcée, la contribution des patentes est immédiatement exigible en totalité (art. 30).

21. Centimes additionnels. — Au principal de patente (montant des droits fixes et des droits proportionnels) sont venus s'ajouter, dès l'origine, des suppléments d'impôts destinés, sous forme de centimes additionnels, soit à couvrir les non-valeurs et les frais de perception, soit à accroître les recettes du Trésor, soit enfin à subvenir aux dépenses particulières des départements et des communes.

Les centimes additionnels se divisent donc en :

Centimes additionnels votés par le pouvoir législatif ;

Centimes départementaux votés par les conseils généraux ;

Centimes communaux votés par les conseils municipaux.

L'article 36 de la loi du 15 juillet qui a pour effet de réunir en un seul texte les articles 32 de la loi du 25 avril 1844 et 14 de la loi du 8 juillet 1852, autorise la perception de 5 centimes additionnels pour le fonds des dégrèvements et des non-valeurs (1) et de 8 centimes dont le produit est versé dans la caisse municipale. De plus, en remplacement du droit de timbre dont sont affranchies les formules de patentes expédiées par le directeur des contributions directes, il est ajouté, en vertu de l'article 31, au principal de la contribution, des centimes généraux dont le nombre (arrêté jus-

(1) En cas d'insuffisance des 5 centimes, le montant du déficit est prélevé, en vertu du même article, sur le principal des rôles.

qu'à présent à quatre par la loi du 4 juin 1858) sera désormais annuellement fixé par les lois de finances.

A ces centimes généraux viennent s'ajouter les centimes additionnels extraordinaires votés après la guerre. Le nombre de ces centimes extraordinaires, perçus par le Trésor, sans affectation spéciale, fixé à 63 pour l'année 1873 (loi du 10 juillet 1872), réduit à 43 dès l'année suivante (loi du 24 juillet 1873), a été abaissé à 20 à partir de 1880 (loi du 30 juillet 1879). C'est à ce dernier taux qu'ils figurent dans les rôles en attendant leur suppression complète, réclamée par la Chambre des députés et le Sénat.

La quotité des centimes départementaux et communaux varie suivant les départements et les communes.

Ajoutons que les centimes généraux, ordinaires ou extraordinaires, départementaux ou communaux, doivent être calculés sur le principal brut. Il n'est fait d'exception à cette règle que pour les 5 centimes destinés à couvrir les fonds de non-valeurs, lesquels sont calculés sur le principal et sur le montant des autres centimes additionnels.

22. Dispositions diverses. — Tout patentable est tenu d'exhiber sa patente à toute réquisition (art. 32 et 33). Il peut obtenir la délivrance de sa patente avant l'émission du rôle (art. 34), se faire délivrer un certificat de patente par le directeur ou le contrôleur des contributions directes (art. 35).

23. Application de la nouvelle loi. — La contribution des patentes sera établie conformément à la loi du 15 juillet 1880 à partir du 1er janvier 1881.

CHAPITRE III

PROFESSIONS IMPOSÉES EU ÉGARD A LA POPULATION ET D'APRÈS UN TARIF GÉNÉRAL

Tableau A

1. Professions comprises dans le tableau A. — 2. Assiette des droits du tableau A. — 3. Droits fixes du tableau A. — 4. Droits proportionnels du tableau A. — 5. Marchands en gros, en demi-gros et en détail. — 6. Patentes des associés secondaires. — 7. Associés en commandite. — Résultats de la loi nouvelle.

1. Professions comprises dans le tableau A. — Ce tableau est celui qui compte de beaucoup le plus grand nombre de patentés (1,339,000 sur 1,581,000). C'est là que se rangent le petit commerce et la masse des corps d'état ou des industries d'importance secondaire n'ayant en général pas recours aux procédés mécaniques ou chimiques, qui se groupent autour de la grande industrie, lui préparent sa matière première, fabriquent ses instruments de production, achèvent ses produits. Le haut commerce est classé dans le tableau B. Quant aux fabricants dont la profession, inscrite sous une dénomination quelconque à ce tableau, consiste dans un travail de fabrication, de confection ou de main-d'œuvre, lorsqu'ils travaillent pour le commerce et qu'ils occupent plus de dix ouvriers disséminés ou réunis dans le même établissement, ils sont, mais dans le cas seulement où le droit en principal est supérieur à celui du tableau A, rangés dans le tableau C (3e partie) et soumis à la patente du *fabricant*. (Voyez page 61 du tableau A).

2. Assiette des droits du tableau A. — Les professions inscrites au tableau A sont soumises à un droit fixe établi d'après un tarif général, croissant avec le chiffre de la population, tel qu'il résulte du dernier recensement, et à un droit proportionnel variant suivant le taux que le législateur a attribué aux diverses professions.

3. Droits fixes du tableau A. — Ce droit fixe était établi d'après le tarif suivant :

Tarif général des professions imposées eu égard à la population

Législation ancienne (Tableau A n° 1)

DROIT FIXE DANS LES COMMUNES

CLASSES	AU-DESSUS DE 100.000 AMES (1)	DE 50.000 A 100 000 AMES (2)	DE 30.000 A 50.000 AMES (3)	DE 20.000 A 30 000 AMES (4)	DE 10.000 A 20.000 AMES (5)	DE 5.000 A 10.000 AMES (6)	DE 2.000 A 5.000 AMES (7)	DE 2.000 AMES ET AU-DESSOUS (8)
	Fr.	Fr.	Fr.	Fr.	Fr.	Fr.	Fr.	Fr.
1re	300	240	180	120	80	60	45	35
2e	150	120	90	60	45	40	30	25
3e	100	80	60	40	30	25	22	18
4e	75	60	45	30	25	20	18	12
5e	50	40	30	20	15	12	9	
6e	40	32	24	16	10	8	6	4
7e	20	16	12	8	*8	*5	*4	*3
8e	12	10	8	6	*5	*4	*3	*2

La loi du 15 juillet lui a substitué le tableau suivant, d'après lequel les droits fixes de patentes devront être désormais établis :

Législation nouvelle (Tableau A n° 2)

DROIT FIXE DANS LES COMMUNES

CLASSES	A PARIS (1)	AU-DESSUS DE 100.000 AMES (2)	DE 50.001 A 100.000 AMES (3)	DE 30.001 A 50.000 AMES (4)	DE 20.001 A 30.000 AMES (5)	DE 10.001 A 20.000 AMES (6)	DE 5.001 A 10.000 AMES (7)	DE 2.001 A 5.000 AMES (8)	DE 2.000 AMES ET AU-DESSOUS (9)
	Fr.	Fr.	Fr.	Fr.	Fr.	Fr.	Fr.	Fr	Fr.
1re	400	300	240	180	120	80	60	45	35
2e	200	150	120	90	60	45	40	30	25
3e	140	100	80	60	40	30	25	22	18
4e	75	75	60	45	30	25	20	15	12
5e	50	50	40	30	20	15	12	9	7
6e	40	40	32	24	16	10	8	6	4
7e	20	20	16	12	8	*8	*5	*4	*3
8e	12	12	10	8	6	*5	*4	*3	*2

Ce signe * veut dire exempt de droit proportionnel dans les villes de 20.000 âmes et au-dessous.

Si l'on compare entre eux ces tableaux, on voit que la législation nouvelle crée une catégorie spéciale pour la ville de Paris, qui était confondue avec les villes de cent mille âmes et au-dessus et dont le tarif ne diffère que pour les trois premières classes de celui des autres villes de plus de cent mille âmes. Cette aggravation, qui se traduit par une augmentation d'impôt de 455,000 fr., a été dictée par cette considération que les professions s'exercent à Paris sur une plus large échelle qu'ailleurs ; elle est compensée par un abaissement, bien autrement important pour les contribuables, des droits proportionnels.

4. Droits proportionnels. — Le nouveau tarif général comporte, comme l'ancien, huit classes entre lesquelles se répartissent les diverses professions suivant leur nature et leur importance commerciale.

Ces droits proportionnels sont établis sur la valeur locative, tant de la maison d'habitation que des magasins, boutiques, usines et ateliers, etc. etc., enfin de tous les locaux servant à l'exercice de la profession.

Voici la quotité des droits proportionnels à la valeur locative, par classe, d'après les deux législations :

DROITS PROPORTIONNELS SUR LA VALEUR LOCATIVE

CLASSES	LÉGISLATION ANCIENNE	LÉGISLATION NOUVELLE
1re.	au 10e (2)	au 20e
2e.	au 15e (2)	au 20e
3e.	au 15e (2)	au 20e
4e.	au 20e	au 30e
5e.	au 20e (3)	au 30e
6e.	au 20e (3)	au 30e
7e (1).	au 40e	au 50e
8e (1).	au 40e	au 50e

Comme on le voit, la nouvelle loi consacre des abaissements de droit proportionnel dans toutes les classes, abaissements qui constituent une réduction en principal de 5,383,000 fr. d'impôt.

5. Marchands en gros, en demi-gros et en détail. — Les commerces forment, en outre, trois groupes suivant leur importance :

(1) Droit proportionnel, perçu seulement dans les communes de 20,000 âmes et au-dessous.
(2) Ces taux ont été fixés par la loi du 29 mars 1872 (art. 3 et 4), antérieurement ils n'étaient que du 15e pour la première classe, du 20e pour la deuxième et la troisième classe.
(3) La loi du 30 juillet 1879 a abaissé les droits proportionnels des 5e et 6e classes du vingtième au trentième.

Sont réputés : *marchands en gros* : ceux qui vendent *principalement* à d'autres marchands ;

Marchands en demi-gros : ceux qui vendent *habituellement* aux détaillants et aux consommateurs ;

Marchands en détail : ceux qui ne vendent *habituellement* qu'aux consommateurs.

Cette rédaction, qui a fait l'objet, à l'occasion d'un amendement de M. Guillot de l'Isère, d'une longue discussion à la Chambre des députés, ne diffère de celle de l'ancienne loi que par la substitution du mot *principalement* au mot *habituellement*, dans la définition du marchand en gros. La nuance est très délicate : le législateur a voulu marquer ainsi que ce n'était point le nombre des ventes qui devait déterminer le classement, mais l'importance respective des deux genres de commerce du marchand qui, vendant en gros, livre aussi en détail au consommateur. Déjà la jurisprudence du Conseil d'État s'était prononcée dans ce sens ; la législation nouvelle ne change donc rien dans l'application. Le mot habituellement est resté inscrit dans les définitions du marchand en demi-gros et du marchand en détail, parce que, pour ces deux espèces de commerçants, c'est le nombre des ventes plutôt que leur importance qui est à considérer (1).

6. Patentes des associés secondaires. — Il n'a rien été changé à la patente des associés secondaires qui est ainsi calculée : la totalité du droit fixe payé par l'associé principal est divisée en autant de parts égales qu'il y a d'associés en nom collectif, et une de ces parts est imposée à chaque associé secondaire.

Y a-t-il deux associés ? le second associé est passible de la moitié du droit payé par l'associé principal.

Y a-t-il trois associés ? les deux associés secondaires sont passibles chacun d'un tiers du droit payé par l'associé principal.

Y a-t-il quatre associés ? les trois associés secondaires sont passibles chacun d'un quart du droit payé par l'associé principal.

Néanmoins, pour les associés habituellement employés comme simples ouvriers dans les travaux de l'association, la part qui leur incombe ne doit jamais dépasser le vingtième du droit fixe imposable au nom de l'associé principal.

Ajoutons que la maison d'habitation de chacun des associés secondaires

---

(1) Le marchand qui vend aux autres marchands et aux consommateurs et qui a un établissement particulier pour chaque espèce de vente est imposé comme ayant deux établissements : l'un de vente en gros, l'autre de vente en détail.

est affranchie du droit proportionnel, à moins qu'elle ne serve à l'exercice de
de l'industrie sociale. En ce dernier cas, elle est, de même que les autres
locaux servant à l'industrie sociale, imposable au nom de l'associé principal. (Voyez chapitre II l'article *associés secondaires*).

7. Associés en commandite. — Ils sont, comme par le passé, exemptés
de la patente par l'art. 17 de la loi.

8. Résultats de la loi nouvelle. — Les principales modifications apportées au tableau A se résument dans la création d'une classe spéciale pour
Paris, comportant, pour le droit fixe, une aggravation du régime actuel,
aggravation amplement compensée par des abaissements sensibles du droit
proportionnel, pour toutes les classes. Si quelques professions se trouvent
un peu augmentées par suite d'un changement de classe, le résultat est
néanmoins un dégrèvement d'environ quatre millions de francs, en principal, pour l'ensemble des patentes du tableau A.

TARIF

DES PROFESSIONS COMPRISES DANS LE TABLEAU **A**

PROFESSIONS*	TARIF ANCIEN	TARIF NOUVEAU
Aiguilles à coudre et à tricoter : (1) marchand en gros . . .	1re cl. (au 10e)	1re cl. (au 20e)
— — — en demi-gros.	2e cl. (au 15e)	2e cl. (au 20e)
— — — en détail . . .	4e cl. (au 20e)	4e cl. (au 30e)
Apprêteur d'étoffes pour les particuliers (2). . . .	5e cl. (au 20e)	5e cl. (au 30e)
Bas et bonneterie : Marchand en gros . . .	1re cl. (au 10e)	1re cl. (au 20e)
— en demi-gros. . . .	2e cl. (au 15e)	2e cl. (au 20e)
— en détail. . . .	4e cl. (au 20e)	4e cl. (au 30e)
Bas et autres articles de bonneterie : Fouleur de . . .	6e cl. (au 20e)	6e cl. (au 30e)
— — Apprêteur pour particuliers (3) ★★	7e cl. (au 40e)	7e cl. (au 50e)
— — Blanchisseur★★ . . .	8e cl. (au 40e)	8e cl. (au 50e)
Batteur d'or ou d'argent. . . .	6e cl. (au 20e)	6e cl. (au 30e)
Blanchisseur de toiles et fils pour les particuliers (4). . .	5e cl. (au 20e)	5e cl. (au 30e)
Blanchisseur sur pré (5)★★ . . .	7e cl. (au 40e)	7e cl. (au 50e)
Blondes : Marchand en gros. . . .	1re cl. (au 10e)	1re cl. (au 20e)
— en demi-gros. . . .	2e cl. (au 15e)	2e cl. (au 20e)
— en détail. . . .	4e cl. (au 20e)	4e cl. (au 30e)
Bobines pour les manufactures (fabricant de)★★ . . .	8e cl. (au 40e)	8e cl. (au 50e)
Bourre de soie, déchets de soie ou débris de cocons (march.) (6).	6e cl. (au 20e)	5e cl. (au 30e)
Boutons de soie : Fabricant pour son compte★★. . . .	7e cl. (au 40e)	7e cl. (au 50e)
— Fabricant à façon★★. . . .	8e cl. (au 40e)	8e cl. (au 50e)

(1) **Aiguilles.** — Les fabricants d'aiguilles sont classés au tableau C (V. page 59).

(2) **Apprêteur d'étoffes.** — Les apprêteurs d'étoffes pour les fabriques sont classés au tableau C (V. page 59).

(3) **Bas et bonneterie.** — L'ancienne loi ne faisait aucune distinction pour les apprêteurs de bas et bonneterie. Aujourd'hui l'apprêteur pour le commerce est rangé dans le tableau C (1re partie) (V. page 59).

(4) **Blanchisseurs de toiles.** — Celui qui avant d'étendre les toiles et fils sur le pré fait usage de préparations chimiques ou autres. Les blanchisseurs pour le commerce sont classés au tableau C (V. page 60).

(5) **Blanchisseurs sur pré.** — Celui qui expose simplement les toiles et fils à l'action de l'air et de l'eau.

(6) **Bourre de soie, déchets.** — Les filateurs de déchets ou de bourre de soie sont classés au tableau C (Voy. page 64).

* Le *droit fixe* varie suivant la classe où est rangée la profession et suivant la population. (Voir le Tarif général, p. 32).

★★ Les patentables des 7e et 8e classes, sont exempts du *droit proportionnel* dans les villes de 20,000 âmes et au-dessous.

PROFESSIONS*	TARIF ANCIEN	TARIF NOUVEAU
Broches et cannelets pour la filature : Fabricant pour son compte.	5e cl. (au 20e)	5e cl. (au 30e)
— — Fabricant à façon**.	8e cl. (au 40e)	8e cl. (au 50e)
Broches pour la filature (rechargeur de)**.	7e cl. (au 40e)	7e cl. (au 50e)
Broderies : Fabricant (7) ou marchand en gros.	3e cl. (au 15e)	3e cl. (au 20e)
— — — en demi-gros.	4e cl. (au 20e)	4e cl. (au 30e)
— — — en détail.	5e cl. (au 20e)	5e cl. (au 30e)
— Blanchisseur et apprêteur**.	7e cl. (au 40e)	7e cl. (au 50e)
— Dessinateur-imprimeur**	7e cl. (au 40e)	7e cl. (au 50e)
— Fabricant à façon**	7e cl. (au 40e)	7e cl. (au 50e)
Brodeur sur étoffes en or et en argent.	4e cl. (au 20e)	4e cl. (au 30e)
Calandreur d'étoffes neuves.	5e cl. (au 20e)	5e cl. (au 30e)
— de vieilles étoffes**	7e cl. (au 40e)	7e cl. (au 50e)
Canevas (dessinateur de)**.	8e cl. (au 40e)	8e cl. (au 50e)
Cardes (fabricant de) par les procédés ordinaires (8) :		
pour son compte.	6e cl. (au 20e)	6e cl. (au 30e)
à façon**.	8e cl. (au 40e)	8e cl. (au 50e)
Cardeur de laine, de coton, de bourre de soie, filoselle, etc**.	7e cl. (au 40e)	7e cl. (au 50e)
Chaînes de fil, laine ou coton préparées pour la fabrication des tissus (marchand de).	6e cl. (au 20e)	6e cl. (au 30e)
Châles : Marchand en gros.	1re cl. (au 10e)	1re cl. (au 20e)
— — en détail	3e cl. (au 15e)	3e cl. (au 20e)
Repriseuse de châles**	8e cl. (au 40e)	8e cl. (au 50e)
Marchand de cachemires de l'Inde en gros.	1re cl. (au 10e)	1re cl. (au 20e)
Chanvre, lin ou laine : Peigneur de**	7e cl. (au 40e)	7e cl. (au 50e)
Chardons pour le cardage : Marchand en gros.	3e cl. (au 15e)	3e cl. (au 20e)
Chasubles ou autres ornements d'église :		
Marchand ou fabricant (9)	4e cl. (au 20e)	4e cl. (au 30e)
Fabricant à façon**	7e cl. (au 40e)	7e cl. (au 50e)
Chenilles en soie : Fabricant pour son compte**.	7e cl. (au 40e)	7e cl. (au 50e)
— Fabricant à façon**	8e cl. (au 40e)	8e cl. (au 50e)
Chevilleur (10)**.	8e cl. (au 40e)	8e cl. (au 50e)

(7) **Broderies.** — Même observation que pour les fabricants de dentelles (Voir note 27, p. 39). Sous la dénomination de fabricants de Broderies sont imposés à ce tableau, ceux qui fabriquent des ouvrages de broderies sans distinguer entre ceux qui les fabriquent à métier ou à la main. (Arrêt du Conseil d'Etat, 3 août 1877.)

(8) **Cardes.** — Les fabriques par procédés mécaniques sont classées au tableau C (V. p. 60.)

(9) **Chasubles.** — Profession autrefois dénommée *Chasublier.*

(10) **Chevilleur.** — Celui qui apprête les soies écrues pour les fabricants et marchands.

*** Pour les notes, voir page 36.

PROFESSIONS*	TARIF ANCIEN	TARIF NOUVEAU
Chineur (11)**.	7e cl. (au 40e)	7e cl. (au 50e)
Cocons (marchand de)	(12)	4e cl. (au 30e)
Colleur de chaîne pour fabrication de tissus**	7e cl. (au 40e)	7e cl. (au 50e)
Colleur d'étoffes.	5e cl. (au 20e)	5e cl (au 30e)
Cols, collets, cravates ou rabats : Marchand (13) en gros.	6e cl. (au 20e)	3e cl. (au 20e)
— — — en détail.	6e cl. (au 20e)	6e cl. (au 30e)
— — Fabricant pour son compte	6e cl. (au 20e)	6e cl. (au 30e)
— — — à façon **	8e cl. (au 40e)	8e cl. (au 50e)
Commissionnaire-porteur pour les fabricants de tissus (14)	6e cl. (au 20e)	6e cl. (au 30e)
Commissionnaire en marchandises (15) lorsqu'il s'entremet seulement pour la vente aux marchands détaillants et aux consommateurs.	4e cl. (au 20e)	4e cl. (au 30e)
Condition pour les soies, la laine ou le coton (entrepreneur ou fermier d'une) (16).	2e cl. (au 15e)	2e cl. (au 20e)
Cordons, lacets, ganses, en fil, soie, laine, coton, etc. : Fabricant pour son compte**.	7e cl. (au 40e)	7e cl. (au 50e)
— à façon **.	8e cl. (au 40e)	8e cl. (au 50e)
Corsets (marchand ou fabricant) : Vendant en gros (17).	3e cl. (au 15e)	3e cl. (au 20e)
— — — en demi-gros	6e cl. (au 20e)	5e cl. (au 30e)
— — — en détail	6e cl. (au 20e)	6e cl. (au 30e)
Coton filé (18) : Marchand en gros.	1re cl. (au 10e)	1re cl. (au 20e)
— — en demi-gros.	2e cl. (au 15e)	2e cl. (au 20e)
— — en détail.	4e cl. (au 20e)	4e cl. (au 30e)

(11) **Chineur.** — Celui qui applique les couleurs sur les fils destinés à former la chaîne des étoffes.

(12) **Cocons.** — Cette profession ne figurait pas précédemment au tarif. Les filateurs de cocons sont classés au tableau C (V. *Cocons*, p. 60.)

(13) **Cols, cravates.** — Classés précédemment à la sixième classe sans distinction pour la vente en gros, en demi-gros ou en détail.

(14) **Commissionnaire-porteur.** — Celui qui porte au domicile des ouvriers des matières à peigner, à filer, à ourdir, à préparer ou à confectionner, qui en apprécie la façon sous sa responsabilité et rapporte les matières ouvragées. Est imposable à ce titre celui qui se charge de faire confectionner les *broderies* pour les maisons de fabrication.

(15) **Commissionnaires en marchandises.** — Les commissionnaires en marchandises autres que ceux spécialement désignés ici sont classés au tableau B (V. p. 50.)

(16) **Conditions.** — Le texte précédent ne mentionnait que les conditions des soies, sans parler de la laine et du coton.

(17) **Corsets.** — Les marchands de corsets en gros étaient imposés comme lingers-fournisseurs (3e classe).

(18) **Coton filé.** — Ne sont compris au tableau A que les marchands achetant ou vendant pour leur propre compte. Les marchands faisant des opérations de commission pour le compte de tiers sont classés au tableau B comme commissionnaires. (V. p. 50.)

* ** Pour les notes, voir page 36.

PROFESSIONS*	TARIF ANCIEN	TARIF NOUVEAU
Coton en laine : Marchand en gros.	1re cl. (au 10e)	1re cl. (au 20e)
Coton cardé ou gommé (marchand de)**.	7e cl. (au 40e)	7e cl. (au 50e)
Courtier en soie. (19).	6e cl. (au 20e)	6e cl. (au 30e)
Couvertures de soie, bourre, laine, coton, etc. (marchands).	4e cl. (au 20e)	4e cl. (au 30e)
Crêpeur d'étoffes (20)**	7e cl. (au 40e)	7e cl. (au 50e)
Crochets pour fabriques d'étoffes : Fabricant à son compte**	7e cl. (au 40e)	7e cl. (au 50e)
— — — à façon**	8e cl. (au 40e)	8e cl. (au 50e)
Cylindres pour filature : Tourneurs ou couvreurs de	5e cl. (au 20e)	5e cl. (au 30e)
— Garnisseurs.	8e cl. (au 40e)	8e cl. (au 50e)
Débarreur d'étoffes (21)**.	(21)	7e cl. (au 50e)
Décatisseur.	5e cl. (au 20e)	5e cl. (au 30e)
Déchets de laine, de coton ou de lin : Marchand en gros (23).	6e (cl. au 20e)	1re cl. (au 20e)
— — — — demi-gros (24)	(22)	5e cl. (au 30e)
— — — — détail (25)**.	(22)	7e cl. (au 50e)
Découpeur d'étoffes (26)**	8e cl. (au 40e)	8e cl. (au 50e)
Décrueur de fil**.	7e cl. (au 40e)	7e cl. (au 50e)
Dentelles : Fabricant (27) ou marchand en gros.	1re cl. (au 10e)	1re cl. (au 20e)
— — — en demi-gros.	2e cl. (au 15e)	2e cl. (au 20e)
— — — en détail.	4e cl. (au 20e)	4e cl. (au 30e)

(19) **Courtier en soie.** — La dénomination de courtiers en soie est seulement applicable à ceux qui, dans les départements séricicoles, mettent en relations les propriétaires ou producteurs avec les fabricants et les négociants pour l'achat et la vente des soies et des cocons ; mais ceux qui servent habituellement d'intermédiaires entre les négociants, pour la vente en gros des soies et des cocons importés en France des pays d'origine, sont imposables en qualité de courtiers en marchandises (tableau B, p. 51). (Arrêt conseil d'État, 14 mai 1880. Lassave, Bouches-du-Rhône.)

(20) **Crêpeur.** — Celui qui, après le tissage, crêpe les étoffes pour en faire ressortir le duvet.

(21) **Débarreur.** — Celui qui, opérant à la main, fait disparaître avec un pinceau les défauts de teinture existant dans les étoffes. Profession nouvelle, classée par assimilation dans la Seine-Inférieure.

(22) **Déchets de laine.** — Cette profession figurait à la sixième classe du tableau A, sans distinction pour la vente en gros, en demi-gros ou en détail.

(23) Celui qui vend *principalement* par quantités supérieures à 1,000 kilogr.

(24) Celui qui vend *habituellement* par quantités de 500 à 1,000 kilogr.

(25) Celui qui vent *habituellement* par quantités inférieures à 500 kilogr.

(26) **Découpeurs.** — Les découpeurs par procédés mécaniques sont classés au tableau C (V. p. 61).

(27) **Dentelles.** La loi nouvelle assimile les marchands aux fabricants de dentelles ; la loi ancienne disait seulement marchands.

Le fabricant de dentelles travaillant pour le commerce ne sera imposé d'après les règles

* ** Pour les notes, voir page 36.

PROFESSIONS*	TARIF ANCIEN	TARIF NOUVEAU
Entrepreneur (28) de fabrication de dentelles (28).	3e cl. (au 15e)	3e cl. (au 20e)
Fabricant de dentelles façon n'employant pas de métiers** (29).	(29)	7e cl. (au 50e)
Dessinateur, modeleur ou sculpteur pour fabrique.	6e cl. (au 20e)	6e cl. (au 30e)
Dounes pour passementerie : Marchand.	4e cl. (au 20e)	4e cl. (au 30e)
Éducateur de vers à soie	(30)	(30)
Emballeur.	6e cl. (au 20e)	5e cl. (au 30e)
Enlaceur de cartons : Celui qui lie, en observant un ordre déterminé, les cartons de liage employés dans la fabrication des étoffes façonnées.	6e cl. (au 20e)	6e cl. (au 30e)
Essayeur de soie.	6e cl. (au 20e)	6e cl. (au 30e)
Facteur de fabrique (31).	6e cl. (au 20e)	6e cl. (au 30e)
Ferreur de lacets**	8e cl. (au 40e)	8e cl. (au 50e)
Fils de chanvre ou de lin (marchand en détail (32).	4e cl. (au 20e)	4e cl. (au 30e)
Filets, gants, mitaines, résilles ou autres ouvrages à mailles :		
Marchand ou fabricant de (33) : vendant en gros.	1re cl. (au 10e)	3e cl. (au 20e)
— en demi-gros.	2e cl. (au 15e)	4e cl. (au 30e)
— en détail**	4e cl. (au 20e)	7e cl. (au 50e)
Fabricant à façon **	7e cl. (au 40e)	8e cl. (au 50e)

du tableau C que dans le cas où il aurait un atelier ou un corps de fabrique dans lequel il occuperait plus de dix ouvriers d'une manière permanente ; dans le cas contraire, il sera tenu pour marchand et imposé sans tenir compte des ouvriers disséminés qu'il occuperait. Bienque cette disposition ne fût pas écrite dans l'ancienne loi, elle était déjà appliquée par l'administration.

Ne peuvent être considérés comme dentelles ou broderies que les produits entièrement fabriqués ou dont, tout au moins, la main-d'œuvre constitue principalement la valeur. Doit être imposé comme fabricant à métiers (au tableau C (V. p. 78), celui qui fait fabriquer, au moyen de métiers des tissus à mailles et à jours, sur lesquels les ouvriers se bornent à exécuter un travail accessoire d'ornementation, alors même que le fabricant donne à ses produits la qualification de dentelles (Arrêt du Conseil d'État, 27 juin 1871).

(28) Celui qui, fournissant le fil moyennant un prix convenu, fait fabriquer pour les maisons qui lui donnent les dessins.

(29) Cette profession n'existait pas à l'ancien tarif.

(30) **Éducateur de vers à soie.** — Exempt de la patente comme agriculteur.

(31) **Facteur de fabrique.** — Celui qui, avec les matières premières fournies par les fabricants ou les marchands, se charge de faire confectionner les objets de leur fabrication ou de leur commerce et en garantit la bonne exécution.

(32) **Fil de chanvre ou de lin.** — Précédemment dénommés marchands de lin ou chanvre filé.

(33) **Filets, gants etc.** — Le marchand était imposé commé mercier. La Commission de la Chambre des députés a modifié la désignation de la profession.

Le fabricant travaillant pour le commerce n'est imposé d'après les règles du tableau C (V. p. 61) que dans le cas où il a un atelier ou un corps de fabrique dans lequel il occupe plus de dix ouvriers, d'une manière permanente. Dans le cas contraire, il est considéré comme marchand et imposé comme tel, sans tenir compte des ouvriers disséminés qu'il peut occuper.

* ** Pour les notes, voir p. 36.

PROFESSIONS*	TARIF ANCIEN	TARIF NOUVEAU
Fileur (entrepreneur) (34)	6e cl. (au 20e)	6e cl. (au 30e)
Filotier (35)	6e cl. (au 20e)	6e cl. (au 30e)
Fleurets ou filoselle : Marchand en gros	1re cl. (au 10e)	1re cl. (au 20e)
— — en demi-gros	2e cl. (au 15e)	2e cl. (au 20e)
— — en détail	4e cl. (au 20e)	4e cl. (au 30e)
Fouleur de bas et autres articles de bonneterie	6e cl. (au 20e)	6e cl. (au 30e)
Frangier : Marchand	5e cl. (au 20e)	5e cl. (au 30e)
— Fabricant pour son compte**	7e cl. (au 40e)	7e cl. (au 50e)
— à façon**	8e cl. (au 40e)	8e cl. (au 50e)
Frappeur de gaze (36)**	8e cl. (au 40e)	8e cl. (au 50e)
Friseur de draps et autres étoffes de laine**	7e cl. (au 40e)	7e cl. (au 50e)
Fuseaux (fabricant de)**	8e cl. (au 40e)	8e cl. (au 50e)
Galonnier : Marchand	5e cl. (au 20e)	5e cl. (au 30e)
— Fabricant pour son compte**	7e cl. (au 40e)	7e cl. (au 50e)
— à façon**	8e cl. (au 40e)	8e cl. (au 50e)
Gaufreur d'étoffes, de rubans, etc**	7e cl. (au 40e)	7e cl. (au 50e)
Gommeur d'étoffes	6e cl. (au 20e)	6e cl. (au 30e)
Graines de vers à soie (37): Marchand en gros	6e cl. (au 20e)	1er cl. (au 20e)
— — en demi-gros	(37)	3e cl. (au 20e)
— — en détail	(37)	6e cl. (au 30e)
Graveur sur bois**	8e cl. (au 40e)	8e cl. (au 50e)
— sur cylindres	4e cl. (au 20e)	4e cl. (au 30e)
Guimpier (38)**	7e cl. (au 40e)	7e cl. (au 50e)
Laine brute ou lavés (39) : Marchand en gros	1re cl. (au 10e)	1re cl. (au 20e)
— — en détail	4e cl. (au 20e)	4e cl. (au 30e)

(34) **Fileur**. — Celui qui fait filer au fuseau ou au rouet du chanvre, du lin, de la laine ou de la bourre de soie.

(35) **Filotier**. — Celui qui achète dans les marchés du fil propre au tissage des toiles ordinaires et le vend au fabricant par paquets assortis.

(36) **Frappeur de gaze**. — Celui qui donne l'apprêt à la gaze et y fait des dessins à jour au moyen d'un emporte-pièce.

(37) **Graines de vers à soie**. — Cette profession figurait à la 6e classe du tableau A sans distinction pour la vente en gros, en demi-gros et en détail.

Celui qui confie à un certain nombre d'éducateurs des graines de vers à soie lui appartenant, en se réservant de garder, moyennant rétribution, les cocons produits par ces éducateurs et qui vend ensuite une partie des graines en provenant, après en avoir vérifié la qualité, ne peut être considéré comme achetant de la graine de vers à soie pour la revendre et en conséquence n'est pas soumis à la patente des Marchands de graines de vers à soie. (Arr. du C. d'État. 3) avril 1875.)

(38) **Guimpier**. — Les fabricants de guimperie par procédés mécaniques sont classés au tableau C. (Voir p. 6.)

(39) **Laine brute ou lavée**. — On considère comme marchand en gros celui qui vend habituellement aux marchands et aux consommateurs. (Inst. générale.)

** Pour les notes, voir page 36.

PROFESSIONS*	TARIF ANCIEN	TARIF NOUVEAU
Laine filée ou peignée (40) : Marchand en gros.	1re cl. (au 10e)	1er cl. (au 20e)
— — en demi-gros.	2e cl. (au 15e)	2e cl. (au 20e)
— — en détai l.	4e cl. (au 20e)	4e cl. (au 30e)
Laineur (41).	4e cl. (au 20e)	4e cl. (au 30e)
Lamineur n'employant que des laminoirs mus à bras d'homme	6e cl. (au 20e)	6e cl. (au 30e)
Lamier rotier : Pour son compte	7e cl. (au 40e)	(42)
— A façon.	8e cl. (au 40e)	(42)
Laveur de laine par procédés ordinaires (43).	5e cl. (au 20e)	5e cl. (au 30e)
Lin ou chanvre brut ou filé (44) : Marchand en gros.	1re cl (au 10e)	1er cl. (au 20e)
— — — en demi-gros.	2e cl. (au 15e)	2e cl. (au 20e)
Lin ou chanvre filé (45) : Marchand en détail.	4e cl. (au 20e)	4e cl. (au 30e)
Lin ou chanvre brut : Marchand en détail (46).	6e cl. (au 20e)	6e cl. (au 30e)
Lin ou chanvre (fabricant de) (47).	6e cl. (au 20e)	6e cl. (au 30e)
Linger (marchand ou fabricant) Vendant en gros.	6e cl. (au 20e)	2e cl. (au 30e)
— — — en demi-gros.	6e cl. (au 20e)	4e cl. (au 30e)
— — — en détail.	6e cl. (au 20e)	6e cl. (au 30e)
Linger (fournisseur) (48).	3e cl. (au 15e)	2e cl. (au 20e)
Liseur de dessins (49)	6e cl. (au 20e)	6e cl. (au 30e)
Machines à coudre, à piquer, à broder, à plisser et autres machines analogues :		
Marchand en gros.	(50)	2e cl. (au 20e)
— en demi-gros.	(50)	3e cl. (au 20e)
— en détail.	(50)	5e cl. (au 30e)

(40) **Laine filée ou peignée.** — Au lieu seulement de *laine filée.*

(41) **Laineur.** — Celui qui prépare la laine propre à la fabrication des châles et étoffes.

(42) **Lamier-rotier.** — Cette profession, dans laquelle sont compris les fabricants de peignes à tisser, a été classée par la nouvelle loi au tableau C. (Voir page 66).

(43) **Laveur.** — Les laveurs par procédés mécaniques passent au tableau C (Voir page 67).

(44) **Lin ou chanvre brut ou filé.** — Les fabricants sont classés au tableau C.

(45) **Lin ou chanvre filé.** — Précédemment dénommés marchands de fil, de lin ou de chanvre.

(46) **Lin ou chanvre brut.** — Précédemment dénommé marchand de chanvre en détail ou marchand de lin en détail.

(47) **Lin ou chanvre.** — Celui qui après avoir roué et battu le lin ou le chanvre le vend par botte. Les fabricants par procédés mécaniques sont classés au tableau C.

(48) **Linger.** — Celui qui vend du linge de table, des trousseaux et autres objets de lingerie confectionnés.

(49) **Liseur.** — Celui qui fait les dispositions nécessaires pour reproduire dans les tissus les dessins donnés par les fabricants.

(50) **Machines à coudre, à piquer, à broder, à plisser et autres machines analogues.** — Cette profession, non dénommée précédemment, avait été classée par assimilation dans plusieurs départements. Les fabricants sont classés au tableau C (Voir page 67).

* ** Pour les notes, voir page 36.

PROFESSIONS*	TARIF ANCIEN	TARIF NOUVEAU
Mécanicien.	4e cl. (au 20e)	4e cl (au 30e)
Mécanicien à façon**	7e cl. (au 40e)	7e cl. (au 50e)
Mèches (marchand).	8e cl. (au 40e)	6e cl. (au 30e)
Mercerie : Marchand en gros.	1re cl. (au 10e)	1re cl. (au 20e)
en demi-gros (51)	2e cl. (au 15e)	2e cl. (au 20e)
en détail. (52)	4e cl. (au 20e)	4e cl. (au 30e)
Marchand de menue mercerie (53)	6e cl. (au 20e)	6e cl. (au 30e)
Modes (marchand de) (54)	3e cl. (au 15e)	3e cl. (au 20e)
Modiste : Pour son compte (55).	5e cl. (au 20e)	5e cl. (au 30e)
A façon**.	8e cl. (au 40e)	8e cl. (au 50e)
Moireur d'étoffes : Pour son compte.	6e cl. (au 20e)	6e cl. (au 30e)
A façon**.	8e cl. (au 40e)	8e cl. (au 50e)
Monteur de métiers.	6e cl. (au 20e)	6e cl. (au 30e)
Mulquinier (56).	6e cl. (au 20e)	6e cl. (au 30e)
Navetier (fabricant)**	7e cl. (au 40e)	7e cl. (au 50e)
Nouveautés : Marchand de nouveautés n'occupant pas plus de dix personnes (57).	2e cl. (au 15e)	2e cl. (au 20e)
Œillets métalliques (fabricant de)**	8e cl. (au 40e)	8e cl. (au 50e)
Ouate (marchand fabricant par procédés non mécaniques) (58)**	7e cl. (au 40e)	7e cl. (au 50e)
Ourdisseur de fil**	8e cl. (au 40e)	8e cl. (au 50e)

(51) **Mercerie.** — Celui qui fait des ventes aux fabricants de chaussures et confectionneurs de vêtements pour une somme supérieures à celles que représentent les ventes aux consommateurs doit être imposé comme marchand de mercerie en demi-gros. (Arrêt du conseil d'État. 28 novembre 1877).

(52) Celui qui tient un assortiment complet de gants, cols, cravates, chaussures, rubans, etc. (Ar. du conseil d'État. 26 mars 1863.)

(53) Celui qui se borne à vendre de petits objets de mercerie, tels que fil, épingles, bas de laine, coton, etc. (Ar. du conseil d'État. 26 décembre 1865.)

(54) **Modes.** — Celui qui fait des envois dans les départements ou à l'étranger.

(55) **Modistes.** — Celle qui fournit la matière des articles de mode qu'elle confectionne.

(56) **Mulquinier.** — Celui qui prépare le fil pour les chaînes servant à la fabrication des tissus.

(57) **Nouveautés.** — L'ancienne loi rangeait dans le tableau B les magasins occupant *plus de cinq personnes préposées à la vente* ; d'après la nouvelle loi, « les marchands de nouveautés n'occupant pas plus de dix personnes employées aux *écritures, aux caisses, à la surveillance, aux achats et aux ventes intérieures et extérieures* », sont imposées d'après le tableau A.

Les marchands de nouveautés occupant plus de dix personnes sont classés au tableau B comme MAGASINS DE PLUSIEURS ESPÈCES DE MARCHANDISES OU DE VÊTEMENTS (Voir p. 52).

(58) **Ouate.** — Les fabriques par procédés mécaniques passent au tableau C (Voir p. 68).

* ** Pour les notes, voir page 36.

PROFESSIONS*	TARIF ANCIEN	TARIF NOUVEAU
Ovaliste (59)**.	7e cl. (au 40e)	7e cl. (au 50e)
Passementier : Marchand en gros.	5e cl. (au 20e)	1re cl. (au 20e)
— — en demi-gros	(60)	2e cl. (au 20e)
— — en détail.	(60)	5e cl. (au 30e)
Fabricant pour son compte (61)**.	7e cl (au 40e)	7e cl. (au 50e)
Fabricant à façon**.	8e cl. (au 40e)	8e cl. (au 50e)
Parapluies : Fabricant ou marchand (62).	6e cl. (au 20e)	6e cl. (au 30e)
Peignes de soie (marchand de) (63).	5e cl. (au 20e)	5e cl. (au 30e)
Peignes en canne ou roseaux : Fabricant ou marchand**. .	8e cl. (au 40e)	8e cl. (au 50e)
Peigneur de chanvre, de lin ou de laine**.	7e cl. (au 40e)	7e cl. (au 50e)
Peigneur ou gratteur de toile de coton**.	7e cl. (au 40e)	7e cl. (au 50e)
Piqueur de cartons (64).	6e cl. (au 20e)	6e cl. (au 30e)
Piqueur de cartes à dentelles**.	8e cl. (au 40e)	8e cl. (au 50e)
Plieur d'étoffes.	4e cl. (au 20e)	4e cl. (au 30e)
Plieur de fil de soie à façon (65)**.	8e cl. (au 40e)	8e cl. (au 50e)
Presseur d'étoffes pour les teinturiers et les dégraisseurs**. .	7e cl. (au 40e)	7e cl. (au 50e)
Représentant de commerce (66).	4e cl. (au 20e)	4e cl. (au 30e)
Roseaux préparés pour le tissage (marchand de)**. . . .	7e cl. (au 40e)	7e cl. (au 50e)
Rouleaux (tourneur de) pour la filature**.	8e cl. (au 40e)	8e cl. (au 50e)
Rubans pour modes : Marchand en gros.	1re cl. (au 10e)	1re cl. (au 20e)
— — — en demi-gros.	2e cl. (au 15e)	2e cl. (au 20e)
— — — en détail.	4e cl. (au 20e)	4e cl. (au 30e)
Raseur de velours **.	7e cl. (au 40e)	7e cl. (au 50e)
Sacs de toile : Fabricant ou marchand.	6e cl. (au 20e)	6e cl. (au 30e)

(59) **Ovaliste**. — Celui qui, au moyen d'un métier ayant la forme ovale, prépare les soies destinées à la fabrication des bas, des tulles et des ouvrages de passementerie.

(60) **Passementier**. — Cette profession figurait à la cinquième classe du tableau A, sans distinction pour la vente en gros, en demi-gros ou en détail.

(61) Lorsqu'il fabrique des articles dont la confection n'exige point l'emploi de métiers. Le passementier pour son compte ou à façon qui emploie des métiers est imposable à raison de leur nombre suivant les règles inscrites au tableau C. (Voir p. 69).

Les autres dispositions de l'ancienne loi, à savoir : (Le passementier (fabricant pour son compte ou à façon) qui s'occupe de deux espèces de fabrications est imposable comme le patentable qui a plusieurs établissements. — Le passementier à façon qui emploie dix métiers et au-dessus est imposable à la moitié des droits qu'il devrait payer s'il fabriquait pour son compte), ont disparu.

(62) **Parapluies**. — La Chambre des députés a simplement substitué le mot *ou* au mot *et*.

(63) **Peignes de soie**. — Celui qui fait le commerce des parties de chaîne qui restent attachées au métier après la fabrication des étoffes de soie.

(64) **Piqueur de cartons**. Celui qui prépare les cartons destinés à reproduire dans les tissus les dessins donnés par les fabricants.

(65) **Plieur de fil de soie à façon**. — Celui qui, pour le compte des marchands ou fabricants, met la soie en bottes, écheveaux, bobines, etc.

(66) **Représentant de commerce**. Lorsqu'il s'entremet seulement pour la vente aux marchands détaillants et aux consommateurs.

** Pour les notes, voir page 35.

PROFESSIONS*	TARIF ANCIEN	TARIF NOUVEAU
Sarraux et blouses : Marchand ou fabricant.	3e cl. (au 15e)	3e cl. (au 20e)
Vendant en gros ou en détail.	6e cl. (au 20e)	6e cl. (au 30e)
Sériciculteur.	(67)	(67)
Soie : Marchand en gros (68),	1er (cl. au 10e)	1re cl. (au 20e)
— — en demi-gros.	2e cl. (au 15e)	2e cl. (au 20e)
— — en détail.	3e cl. (au 15e)	3e cl. (au 20e)
Sparterie (fabricant ou marchand d'objets en).	6e cl. (au 20e)	6e cl. (au 30e)
Tailleur ou couturier (marchand) pour hommes et pour femmes,		
Avec magasins d'étoffes (69).	3e cl. (au 15e)	3e cl. (au 20e)
Sans magasin d'étoffes, fournissant sur échantillons.	5e cl. (au 20e)	5e cl. (au 30e)
Marchand d'habits neufs.	5e cl. (au 20e)	5e cl. (au 30e)
A façon**.	7e cl. (au 40e)	7e cl. (au 50e)
Tapis de laine et tapisseries (marchand de).	3e cl (au 15e)	3e cl. (au 20e)
Tapisseries à la main (fabricant de)**.	7e cl. (au 40e)	7e cl. (au 50e)
Tapissier (marchand).	4e cl. (au 20e)	4e cl. (au 30e)
Tapissier à façon.	6e cl. (au 20e)	6e cl. (au 30e)
Teinturerie (70) (loueur d'établissement de)**.	7e cl. (au 40e)	7e cl. (au 50e)
Tireur d'or ou d'argent par procédés non mécaniques (71).	6e cl. (au 20e)	6e cl. (au 30e)
Tissus de laine, de fil, de coton, de soie ou de crin :		
Marchand en gros.	1er cl. (au 10e)	1re cl. (au 20e)
— en demi-gros.	2e cl. (au 15e)	2e cl. (au 20e)
— en détail.	3e cl (au 15e)	3e cl. (au 20e)
Tissus grossiers et communs (marchand de) sans assortiment.	6e cl. (au 20e)	6e cl. (au 30e)
Toiles grasses pour emballages (fabricant de)**.	7e cl. (au 40e)	7e cl. (au 50e)
Tondeur et presseur de drap et autres étoffes de laine**.	7e cl. (au 40e)	7e cl. (au 50e)
Tourneur en bois : Fabricant en boutique (72)**.	7e cl. (au 40e)	7e cl. (au 50e)
— — sans boutique**.	8e cl (au 40e)	8e cl. (au 50e)

(67) **Sériciculteur.** — Exempt de la patente comme agriculteur.

(68) **Soie.** — Ne sont compris au tableau A que les marchands de soie achetant et vendant pour leur propre compte. Les marchands faisant des opérations pour le compte de tiers sont classés au tableau B comme *commissionnaires*. (V. p. 50).

(69) **Tailleur.** — Celui qui a des approvisionnements d'étoffes achetées à l'avance et avec lesquelles il fait des vêtements sur commande. (Arr. du Cons. d'État 16 avril 1880). Voyez tableau B : *Magasin de vêtements* (page 52).

(70) **Teinturerie.** — Celui qui loue à tout venant un établissement de teinturerie muni de ses ustensiles et appareils.

(71) **Tireur d'or** — Les tireurs d'or ou d'argent par procédés mécaniques sont classés au tableau C. (V. page 71).

(72) **Tourneur en bois.** — Anciennement dénommé tourneur (marchand) vendant en boutique divers objets en bois faits au tour.

* ** Pour les notes, voir page 36.

PROFESSIONS*	TARIF ANCIEN	TARIF NOUVEAU
Tourneur sur métaux.	6e cl. (au 20e)	6e cl. (au 30e)
Tricots à l'aiguille (fabricant ou marchand de) (73).	5e cl. (au 20e)	5e cl. (au 30e)
Tubes en papier, en zinc, etc., pour filatures (fabricant par procédés ordinaires de)**	(74) 4e cl. (au 20e)	7e cl. (au 50e)
Tulle : Marchand en détail (75)	3e cl. (au 15e)	4e cl. (au 30e)
Vêtements confectionnés : Marchand en gros (76).	5e cl. (au 20e)	2e cl. (au 20e)

(73) **Tricots à l'aiguille.** — Les fabricants de tricots à métiers sont classés dans le tableau C (Voir p. 76).

(74) **Tubes en papier, en zinc,** etc. — Profession classée par assimilation dans le département de la Marne. Les fabricants par procédés mécaniques sont classés dans le tableau C (Voir p. 78).

(75) **Tulle.** — Les fabricants sont classés au tableau C. (Voir p. 78).

(76) **Vêtements confectionnés.** — N'occupant pas habituellement plus de dix personnes employées aux écritures, aux caisses, à la surveillance, aux achats et aux ventes intérieures et extérieures.

Cette profession était jusqu'à présent classée : soit avec les marchands tailleurs avec magasin d'étoffe (3e classe), soit avec les marchands tailleurs sans magasin d'étoffe fournissant sur échantillon (5e classe).

** Pour les notes, voir page 36.

CHAPITRE IV

PROFESSION IMPOSÉES EU ÉGARD A LA POPULATION ET D'APRÈS UN TARIF EXCEPTIONNEL

Tableau B

1. Professions comprises dans le tableau B. — Le grand commerce intermédiaire entre l'industriel et le marchand en détail ou le consommateur, fait, dans la législation des patentes, l'objet d'une classification à part dans un tableau spécial, le tableau B.

2. Assiette des droits du tableau B. — Eu égard à la difficulté d'établir une juste proportionnalité entre des professions qui, bien qu'exploitant le même genre d'affaires, diffèrent considérablement quant à l'importance des bénéfices, le législateur a gradué l'impôt des patentés du tableau B au moyen d'une combinaison qui comporte trois sortes de taxes :

1° Une taxe déterminée ;

2° Un droit fixe établi sur le nombre des personnes employées ;

3° Un droit proportionnel sur la valeur locative.

3. Taxe déterminée. — La taxe déterminée (l'expression seule est nouvelle) est un droit fixe, dû indistinctement par tous les patentés de la même profession, mais variable suivant les professions et suivant la population des villes ou communes où est situé l'établissement imposable.

Quelques professions, comme les magasins de diverses marchandises et les magasins de vêtements, qui en étaient exempts, ont été soumises à cette taxe déterminée par la loi du 15 juillet 1880. De plus, le taux en a été élevé pour un certain nombre de patentés de Paris et des villes au-dessus de 100,000 âmes, soumises à un tarif intermédiaire entre celui de Paris et celui des villes au-dessus de 50,000 âmes avec lesquelles elles étaient précédemment confondues.

4. Droit fixe sur les employés. — Cette taxe a fait l'objet d'une longue discussion, soit au sein des commissions parlementaires, soit en séance publique, à l'occasion des magasins de plusieurs espèces de marchandises. Deux principes étaient en présence : celui de la proportionnalité et celui de la progression. Adoptant un moyen terme, la Chambre des députés avait doublé la taxe par employé pour les magasins de vêtements et de plusieurs espèces de marchandises occupant plus de 200 employés. Cette disposition, qui aurait eu pour effet d'augmenter de 52,000 fr. le principal de ces patentes, a été rejetée par le Sénat. La taxe par employé, dont la quotité s'élève d'ailleurs avec le chiffre de la population, est, dans tous les cas, proportionnelle au nombre des employés, quel que soit ce nombre.

Actuellement la taxe est due seulement pour les employés préposés à la vente ; la Chambre des députés et le Sénat l'ont généralisée à toutes les personnes en sus du nombre de cinq, employées aux écritures, aux caisses, à la surveillance, aux achats et aux ventes intérieures et extérieures ; mais aux termes du rapport de M. Labadié, on ne doit pas comprendre sous la dénomination de « personnes employées » les garçons de magasins ou les garçons de bureau, les commissionnaires et portefaix, attendu qu'ils ne contribuent pas directement à l'extension des affaires.

On remarquera encore que les employés ne sont taxés qu'*en sus du nombre de cinq*, restriction qui n'existait pas précédemment.

Par contre, les négociants, les courtiers, les représentants et les commissionnaires en marchandises, qui n'étaient pas soumis à la taxe par employés en deviennent passibles.

5. Droit proportionnel sur la valeur locative. — Ce droit qui avait été élevé par la loi du 20 mars 1872, du 15ᵉ au 10ᵉ, reste uniformément fixé au 10ᵉ pour toutes les professions classées dans le tableau B, quel que soit le lieu où elles sont exercées. Il est établi, en vertu de l'article 12, sur la valeur locative tant de la maison d'habitation que des magasins, boutiques, usines, hangars, remises, chantiers et autres locaux servant à l'exercice de la profession.

6. Patente des associés secondaires. — Par une exception inscrite dans l'article 21 de la loi du 15 juillet 1880, les associés secondaires des sociétés en nom collectif, pour l'exercice des professions rangées dans le tableau B, sont exemptés de la taxe sur les employés ou autres éléments variables d'imposition ; mais comme la taxe par employés n'existait que pour les magasins de vêtement et les magasins de plusieurs espèces de marchandises, cette immunité ne constitue (sauf pour ces deux catégories de patentables) aucun dégrèvement sur le régime précédent. Les associés secondaires con‑

tinuant à être exempts du droit proportionnel sur leur habitation (à
moins que celle-ci ne serve à l'exercice de la profession sociale), ne payent
donc que leur part de taxe déterminée. Cette taxe est ainsi établie : la
totalité de la taxe déterminée dont est passible l'associé principal est divisée en autant de parts égales qu'il y a d'associés en nom collectif, et une
de ces parts est imposée à chaque associé secondaire. C'est-à-dire que s'il
y a deux associés, l'associé secondaire paye moitié de la totalité de la taxe
déterminée ; s'il y a trois associés, les deux associés secondaires payent
chacun un tiers de la totalité de la taxe déterminée de l'associé principal, et
ainsi de suite.

7. Associés en commandite.—Ils sont, comme par le passé, exemptés de
la patente (art. 17).

8. Sociétés ou Compagnies anonymes. — Elles demeurent imposées pour
chacun de leurs établissements en un seul droit fixe sur la désignation de
l'objet de leur entreprise (art. 22).

9. Résultats de la loi nouvelle. — En résumé, le tableau B de la loi de
1880 apporte des aggravations très notables au régime précédent. La
Chambre des députés et le Sénat se sont trouvés d'accord pour imposer un
peu plus fortement le haut commerce, en maintenant le droit proportionnel
au taux du 10ᵉ auquel il avait été porté par la loi du 29 mars 1872, en
augmentant la taxe fixe déterminée, enfin en créant, pour celles des industries
qui n'y étaient pas soumises, une taxe par employé dont la quotité suit la progression du droit fixe eu égard à la population. L'exemption de la taxe sur
les cinq premiers employés constitue des avantages pour les patentés d'importance secondaire, et en somme l'aggravation des patentes du tableau B
ne dépasse guère en principal une cinquantaine de mille francs.

	TARIF ANCIEN			TARIF NOUVEAU		
	TAXE DÉTERMINÉE	TAXE PAR PERSONNE EMPLOYÉE	DROIT PROPORTIONNEL	TAXE DÉTERMINÉE	TAXE PAR PERSONNE EMPLOYÉE (1)	DROIT PROPORTIONNEL
Commissionnaires en marchandises :						
A Paris	400 fr.	Néant	au 10e	400 fr.	20 fr.	au 10e
Dans les villes de 50.001 âmes et au-dessus.	300 »	Néant	au 10e	300 »	15 »	au 10e
Dans les villes de 30.001 à 50.000 âmes et dans celles de 15.001 à 30.000 âmes qui ont un entrepôt réel	200 »	Néant	au 10e	200 »	10 »	au 10e
Dans les villes de 15.001 à 30.000 âmes, et dans celles de 15.000 âmes et au-dessus qui ont un entrepôt réel	150 »	Néant	au 10e	150 »	8 »	au 10e
Dans toutes les autres communes.	75 »	Néant	au 10e	75 »	5 »	au 10e
Commissionnaires-entrepositaires :						
A Paris	250 fr.	Néant	au 10e	300 fr.	15 fr.	au 10e
Dans les villes de 100.001 âmes et au-dessus	200 »	Néant	au 10e	250 »	12 »	au 10e
Dans les villes de 50.0001 âmes à 100.000 âmes.	200 »	Néant	au 10e	200 »	10 »	au 10e
Dans les villes de 30,001 à 50.000 âmes et dans celles de 15.001 âmes à 30.000 âmes qui ont un entrepôt réel	150 »	Néant	au 10e	150 »	8 »	au 10e
Dans les villes de 15.001 âmes à 30.000 âmes, et dans celles de 15.001 âmes et au-dessous qui ont un entrepôt réel.	100 »	Néant	au 10e	100 »	5 »	au 10e
Dans toutes les autres communes.	50 »	Néant	au 10e	50 «	5 »	au 10e

Les COMMISSIONNAIRES EN MARCHANDISES, compris dans l'ancienne législation des patentes, sous la dénomination de *commissionnaires en marchandises, courtiers de marchandises, représentants de commerce*, étaient assujettis depuis 1867 à un seul droit fixe : la taxe déterminée. Le gouvernement, la Chambre des députés et le Sénat ont été d'accord pour maintenir cette taxe déterminée à son ancien taux et ajouter la taxe fixe par employé, indiqué au tableau ci-dessus.

Si les opérations que font les commissionnaires en marchandises ou auxquels ils prêtent leur entremise ont pour objet habituel la vente aux détaillants et aux consommateurs, les droits de patente sont ceux de la 4e classe du tableau A (Voir p. 38.)

Les *commissionnaires-porteurs* pour les fabricants de tissus sont classés au tableau A (Voir p. 38.)

Le COMMISSIONNAIRE ENTREPOSITAIRE est celui qui se charge de recevoir, de faire entreposer et de réexpédier des marchandises, mais qui ne fait ni achat ni vente pour ses commettants.

(1) Personnes employées, en *sus du nombre de cinq*, aux écritures, aux caisses, à la surveillance, aux achats et aux ventes intérieures et extérieures.

	TARIF ANCIEN			TARIF NOUVEAU		
	TAXE DÉTERMINÉE	TAXE PAR PERSONNE EMPLOYÉE	DROIT PROPORTIONNEL	TAXE DÉTERMINÉE	TAXE PAR PERSONNE EMPLOYÉE (1)	DROIT PROPORTIONNEL
Courtier de marchandises, facteur de denrées et marchandises, représentant de commerce, et tout individu prêtant son entremise pour l'achat ou la vente des marchandises ou achetant ou vendant des marchandises pour le compte de tiers, et dont la profession n'est pas spécialement dénommée au tarif des patentes :						
A Paris	400 fr.	Néant	au 10°	200 fr.	10 fr.	au 10°
Dans les villes de 50.001 âmes et au-dessus	300 »	Néant	au 10°	150 »	8	au 10°
Dans les villes de 30.001 âmes à 50,000 âmes et dans celles de 15.001 âmes à 30.000 âmes qui ont un entrepôt réel	200 »	Néant	au 10°	100 »	5	au 10°
Dans les villes de 15.001 âmes à 30.000 âmes et dans celles de 15.000 âmes et au-dessous, qui ont un entrepôt réel.	150 »	Néant	au 10°	75 »	5	au 10°
Dans toutes les autres communes. .	75 »	Néant	au 10°	50 »	5	au 10°

Le tarif ancien avait été édicté par la loi du 18 juillet 1866 dans le but de créer les ressources nécessaires pour couvrir les dépenses nécessitées par le rachat des offices de courtiers.

Le gouvernement avait proposé de régler le droit fixe comme ci-après :

	TAXE DÉTERMINÉE	TAXE PAR EMPLOYÉ
A Paris	250 fr.	12 fr.
Dans les villes de 50.001 âmes et au-dessus. . .	200	10
— 30 001 à 50.000 âmes . . .	0	8
— 15.000 à 30.000 —	100	5
Dans les autres communes.	50	5

C'est la commission des députés qui lui a substitué le nouveau tarif qui constitue un dégrèvement de 261.500 fr. voté par les deux Chambres, en invitant le gouvernement à aviser aux voies et moyens de rembourser l'état des sommes dépensées pour le rachat des offices.

Si les opérations que font les patentables énumérés à cet article ou auxquels ils prêtent leur entremise, ont pour objet habituel la vente aux marchands détaillants et aux consommateurs, les droits de patente sont ceux du tableau A (4° classe).

(1) Personnes employées, en *sus du nombre de cinq,* aux écritures, aux caisses, à la surveillance, aux achats et aux ventes intérieures et extérieures.

	TARIF ANCIEN			TARIF NOUVEAU		
	TAXE DÉTERMINÉE	TAXE PAR PERSONNE EMPLOYÉE	DROIT PROPORTIONNEL	TAXE DÉTERMINÉE	TAXE PAR PERSONNE EMPLOYÉE (1)	DROIT PROPORTIONNEL
Magasins de plusieurs espèces de marchandises (2) (tenant un):						
Dans les villes de 100.001 âmes et au-dessus	Néant	25 fr.	au 100	100 fr.	25 fr.	au 100
Dans les villes de 50.001 à 100.000 âmes	Néant	20 »	au 100	80 »	20 »	au 100
Dans les villes de 50.000 âmes et au-dessous	Néant	15 »	au 100	30 »	15 »	au 100
Magasin de vêtements (2) (tenant un) :						
Dans les villes de 100.001 âmes et au-dessus.	Néant	25 fr.	au 100	100 fr.	25 fr.	au 100
Dans les villes de 50.001 à 100.000 âmes	Néant	20 »	au 100	80 »	20 »	au 100
Dans les villes de 50.000 âmes et au-dessous	Néant	15 »	au 100	30 »	15 »	au 100

En vertu de l'ancienne législation, pour que les magasins de plusieurs espèces de marchandises et les magasins de vêtements fussent classés au tableau B, il suffisait qu'ils occupassent *plus de cinq personnes préposées à la vente*, et chacune de ces personnes était soumise au droit fixe. La nouvelle loi porte à *dix* le nombre des personnes nécessaires, mais en ne se tenant plus seulement à celle préposées à la vente : les employés aux écritures, aux achats, à la surveillance, deviennent ainsi passibles du droit fixe. Il n'est fait d'exception que pour les garçons de bureau, garçons de magasin, portefaix, etc. Par contre, le droit n'est perçu qu'*en sus du nombre de cinq*.

La Chambre des députés, amendant sur ce point le projet du gouvernement, avait proposé de doubler la taxe par employé pour les patentables occupant plus de 200 employés. Le Sénat a repoussé ce mode d'imposition comme contraire à la proportionnalité.

(1) Employée *en sus du nombre cinq*, aux écritures, aux caisses à la surveillance, aux achats et aux ventes intérieures et extérieures.

(2) Occupant habituellement plus de dix personnes employées aux écritures, aux caisses, etc. Les magasins occupant dix personnes ou moins sont rangées dans le tableau A.

	TARIF ANCIEN			TARIF NOUVEAU		
	TAXE DÉTERMINÉE	TAXE PAR PERSONNE EMPLOYÉE	DROIT PROPOR- TIONNEL	TAXE DÉTERMINÉE	TAXE PAR PERSONNE EMPLOYÉE (1)	DROIT PROPOR- TIONNEL
Négociant :						
A Paris	400 fr.	Néant	au 10e	500 fr.	25 fr.	au 10e
Dans les villes de 100.001 âmes et au-dessus.	300 »	Néant	au 10e	400 »	20 »	au 10e
Dans les villes de 50.001 à 100,000 âmes	300 »	Néant	au 10e	300 »	15 »	au 10e
Dans les villes de 30.001 à 50.000 âmes, et dans celles de 15.001 à 30.000 âmes qui ont un entrepôt réel	200 »	Néant	au 10e	200 »	10 »	au 10e
Dans les villes de 15.001 à 30.000 âmes et dans les villes de 15.000 âmes et au-dessous qui ont un entrepôt réel	150 »	Néant	au 10e	150 »	8 »	au 10e
Dans toutes les autres communes.	100 »	Néant	au 10e	100 »	5 »	au 10e

Négociant : Celui qui, dans le même établissement, vend en gros plusieurs espèces de marchandises.

Les négociants, de même que les commissionnaires, ne payaient pas de taxe par employé. La nouvelle législation les soumet à cette taxe; de plus elle crée une catégorie pour les villes au-dessus de 100.000 âmes qui étaient rangées dans les villes de 50.001 âmes et au-dessus, et elle élève de 100 fr. la taxe déterminée pour ces villes et pour Paris.

(1) Employée *en sus du nombre cinq* aux écritures, aux caisses, à la surveillance, aux chais et aux ventes intérieures et extérieures.

CHAPITRE V

PROFESSIONS IMPOSÉES SANS AVOIR ÉGARD
A LA POPULATION

Tableau C

1. Professions comprises dans le tableau C. — Les industries textiles (filatures, tissages etc.), les industries plus ou moins importantes qui font appel aux procédés mécaniques et chimiques, et dont les ouvriers sont le plus ordinairement agglomérés en usines ou ateliers, sont avec quelques autres entreprises commerciales, rangées dans le tableau C.

2. Assiette des droits du tableau C. — Les patentes du tableau C comportent :

1° Un droit fixe déterminé ;

2° Un droit fixe, soit sur les instruments de production, soit sur les ouvriers occupés, ou cumulativement sur les instruments de production et les ouvriers ;

3° Un droit proportionnel sur la valeur locative.

3. Droit fixe déterminé. — Le droit déterminé qui pesait sur un certain nombre de professions, et qui avait été rehaussé de 1/5ᵉ par la loi du 29 mars 1872, a été supprimé ou considérablement réduit. Ainsi a été réparée cette injustice de la loi ancienne qui frappait indistinctement d'un même droit tous les industriels d'importance très diverse d'une même profession. Le législateur a proportionné, dans une mesure plus équitable, l'impôt à l'importance industrielle du patenté, en faisant, dans le rôle de la patente, une part plus large au droit fixe sur les instruments de production ou les ouvriers occupés.

4. Droit fixe. — Le droit fixe est basé tantôt sur le nombre des unités de moyens de production, tantôt sur le nombre des ouvriers occupés, tantôt simultanément sur les unités de moyens de production et les ouvriers. Il avait été surélevé d'un cinquième par la loi du 29 mars 1872 (art. 3). La préoccupation que nous venons de signaler d'une proportionnalité plus parfaite à obtenir entre la quotité de l'impôt et l'importance de l'industrie, a conduit le législateur à augmenter, dans certains cas, le droit fixe pour compenser la suppression ou la réduction de la taxe déterminée et à substituer les unités aux groupes d'éléments imposables dans certaines professions. Par exemple, les mouliniers en soie sont taxés par unité de tavelles ou de broches au lieu d'être taxés par centaines de tavelles ou de broches; les filateurs de coton, de bourre de soie, de laine peignée, sont taxés par unités de broche au lieu d'être taxés par centaines de broches; les imprimeurs d'étoffes sont taxés par table d'impression, au lieu d'être taxés par groupes indivisibles de vingt-cinq tables, etc. Ces modifications ne tournent pas à l'avantage du patenté, puisque la taxe n'était assise que sur chaque nombre complet ou sur chaque quantité complète des éléments qui servaient de base à la cotisation et que les fractions des nombres ou quantités énoncées au tarif n'entraient pas dans la taxe. Elles sont de plus accompagnées, dans la plupart des professions, d'une aggravation, parfois assez sensible, du droit fixe par unité d'éléments de production.

Une autre innovation consiste à tenir compte, pour les filatures et tissages des textiles, de la nature des matières filées et à leur assigner en conséquence une classification et un tarif particuliers.

5. **Droit proportionnel.** — Le tableau suivant, mettant en regard les deux législations, fait connaître les modifications apportées par la loi de 1880, au droit proportionnel de chacune des cinq parties du tableau C :

| | LOI ANCIENNE | | | LOI NOUVELLE | | |
| | DROIT PROPORTIONNEL | | | DROIT PROPORTIONNEL | | |
	SUR LA MAISON D'HABITATION	SUR LES MAGASINS DE VENTE	SUR l'établissement INDUSTRIEL	SUR LA MAISON D'HABITATION	SUR LES MAGASINS DE VENTE	SUR l'établissement INDUSTRIEL
1re partie.	au 15e	au 15e	au 15e	au 20e	au 20e	au 20e
2e partie	au 20e	au 25e	au 25e	au 20e	(1)	au 40e
3e partie	au 20e	au 20e	au 40e	au 20e		au 50e
4e partie	au 20e	au 20e	au 5.e	au 20e		au 60e
5e partie	au 15e	Néant	Néant	au 20e	Néant	Néant

Le droit proportionnel sur la maison d'habitation de la première et de la cinquième partie qui donnent place à des professions commerciales plutôt qu'industrielles est réduit du quinzième au vingtième; il a paru légitime de

(1) Voyez page 80.

leur appliquer les dégrèvements dont bénéficient les patentables de deuxième et troisième classes du tableau A, placés dans des conditions analogues. En ce qui concerne les professions des deuxième, troisième et quatrième parties, qui sont des professions exclusivement industrielles, on a fait observer, dit M. Fournier dans son rapport au Sénat, que, si un renchéris-sement considérable s'est produit sur les loyers, l'outillage est, au contraire, à plus bas prix qu'en 1844, et l'on a conclu que l'augmentation n'atteignant que l'un de ces éléments, la charge du droit proportionnel ne s'était pas aggravée d'une manière sensible. On n'a donc abaissé le droit proportionnel qu'autant qu'il porte sur l'établissement industriel proprement dit.

Enfin, trois amendements déposés en séance publique par M. Choron, député, et tendant à supprimer, dans la nomenclature des locaux passibles du droit proportionnel, les mots : *sur les magasins de vente complète-ment séparés de l'établissement industriel* pour les patentés des 2ᵉ, 3ᵉ et 4ᵉ parties du tableau C ont été adoptés.

Quelle est la portée de cette suppression ?

A raison de l'importance de cette question qui intéresse toutes les grandes industries textiles et des critiques que l'interprétation faite du silence de la loi par l'administration des contributions directes ne peut manquer de sou-lever, nous avons cru devoir lui consacrer à la fin de ce travail un chapitre spécial auquel nous renvoyons le lecteur.

6. Patente des associés secondaires.—Les associés secondaires des socié-tés en nom collectif appartenant aux professions du tableau C, sont exonérés par l'art. 21 du payement du droit fixe, lorsque ces professions sont tarifées en raison du nombre des ouvriers, machines, instruments, moyens de pro-duction ou autres éléments variables d'imposition. L'art. 20 exemptant, d'autre part, du droit proportionnel, leur maison d'habitation (à moins qu'elle ne serve à l'exercice de la profession sociale), ils ne payent plus que la contribution personnelle et mobilière, c'est-à-dire que comme simples particuliers.

7. Associés en commandite. — Les associés en commandite demeurent exempts de la patente (art. 17).

8. Sociétés ou compagnies anonymes.— Elles demeurent imposées pour chacun de leurs établissements à un seul droit fixe sous la désignation de l'objet de leur entreprise (art. 22).

9. Résultats de la loi nouvelle. — Les modifications ont été, comme on vient de le voir, très nombreuses et, sauf quelques exceptions (1), favorables aux industriels compris dans ce tableau. La taxe déterminée a disparu ou a été considérablement réduite, ce qui constitue un abandon de recette de 250,000 fr. en principal ; le droit fixe sur les moyens de production calculé par unité et non plus par groupe d'unités de production dans plusieurs industries, est plus équitablement réparti ; le droit proportionnel sur l'établissement industriel a été notablement diminué (de 1,219,000 fr.) ; le droit proportionnel spécial sur les magasins de vente complètement séparés de l'établissement industriel a été supprimé pour les deuxième, troisième et quatrième parties, enfin les associés secondaires des sociétés en nom collectif bénéficient de l'immunité quant au droit fixe, et, de ce chef seul, la remise d'impôt s'élève à 901,000 fr.

En somme, la nouvelle loi constitue pour les patentés du tableau C un dégrèvement d'impôt de près d'un million de francs en principal.

---

(1) La loi du 15 juillet apporte notamment des aggravations considérables aux patentes des fabriques de tulle et, en général, aux patentes des fabricants à métiers à façon (Voir les chapitres qui concernent ces catégories de patentables.)

TARIF

DES PROFESSIONS COMPRISES DANS LE TABLEAU C

PROFESSIONS	TARIF ANCIEN	TARIF NOUVEAU
	Fr. C	Fr. C.
Aiguilles à coudre, à tricoter, ou à métiers pour faire des bas :		
Droit fixe déterminé.	12 »	5 »
Plus, par ouvrier	3 50	4 »
Droit proportionnel : Sur la maison d'habitation. . . .	au 20ᵉ	au 20ᵉ
— sur les magasins de vente séparés*	au 20ᵉ	*
— sur l'établissement industriel	au 40ᶜ	au 50ᵉ
Affineur d'or ou d'argent :		
Droit fixe déterminé	(1)	5 »
Plus par ouvrier	»	10 »
Par appareil de dissolution	»	100 »
Droit proportionnel : sur la maison d'habitation	»	au 20ᵉ
— sur les magasins de vente*.	»	*
— sur l'établissement industriel	»	au 40ᶜ
Apprêteur d'étoffes pour les fabriques :		
Droit fixe déterminé	18 »	5 »
Plus, par ouvrier	3 60	4 »
Droit proportionnel : sur la maison d'habitation	au 20ᶜ	au 20ᶜ
— sur les magasins de vente séparés*	au 20ᵉ	*
— sur l'établissement industriel	au 50ᶜ	au 60ᶜ
Apprêteur de bas ou autres objets de bonneterie pour les fabricants et les marchands (2) :		
Droit fixe déterminé.	(2)	5 »
Plus, par ouvrier	»	3 »
Droit proportionnel : sur la maison d'habitation	»	au 20ᶜ
— sur les magasins de vente séparés*	»	*
— sur l'établissement industriel	»	au 60ᶜ

(1) **Affineur**. — Précédemment classé au tableau A (3ᵉ classe au 15ᵉ.)

(2) **Apprêteur de bas** — L'ancienne loi ne faisait aucune distinction entre les apprêteurs pour les fabricants et les apprêteurs pour les particuliers. Les uns et les autres étaient classés au tableau A 7ᵉ classe, où restent seulement les apprêteurs pour les particuliers.

* Aux termes de l'Instruction administrative du 26 juillet 1880, les magasins séparés de l'établissement industriel devraient être imposés, selon les cas, comme l'établissement industriel, ou au taux correspondant au commerce auquel ils sont affectés. (Voir page 80.)

PROFESSIONS	TARIF ANCIEN	TARIF NOUVEAU
	Fr. C.	Fr. C
Apprêteur et lustreur de fil pour les fabriques (3) :		
Droit fixe déterminé	18 »	5 »
Plus, par ouvrier.	3 60	4 »
Droit proportionnel : sur la maison d'habitation.	au 20ᵉ	au 20ᵉ
— sur les magasins de vente séparés*	au 20ᵉ	*
— sur l'établissement industriel.	au 50ᵉ	au 60ᵉ
Batteur de laine par procédés mécaniques.		
Droit fixe déterminé	18 »	5 »
Plus, par ouvrier.	3 60	3 »
Droit proportionnel : sur la maison d'habitation.	au 20ᵉ	au 20ᵉ
— sur les magasins de ventes séparés*	au 20ᵉ	*
— sur l'établissement industriel.	au 40ᵉ	au 50ᵉ
Blanchisserie de toiles, fils, étoffes de laine pour le commerce,		
par procédés mécaniques ou chimiques (4)		
Droit fixe déterminé	18 »	5 »
Plus, par ouvrier.	3 60	3 »
Droit proportionnel : sur la maison d'habitation.	au 20ᵉ	au 20ᵉ
— sur les magasins de vente séparés*	au 20ᵉ	*
— sur l'établissement industriel.	au 40ᵉ	au 50ᵉ
Cardes (fabrique de) par procédés mécaniques (5)		
Droit fixe déterminé	30 »	néant
Par métier.	6 »	6 »
Droit proportionnel : sur la maison d'habitation. . . .	au 20ᵉ	au 20ᵉ
— sur les magasins de vente séparés*	au 20ᵉ	*
— sur l'établissement industriel.	au 50ᵉ	au 60ᵉ
Cocons (filerie de) (6)		
par bassine ou tour.	1 80	1 80
Droit proportionnel : sur la maison d'habitation. . . .	au 20ᵉ	au 20ᵉ
— sur les magasins de vente séparés*	au 20ᵉ	*
— sur l'établissement industriel.	au 40ᵉ	au 50ᵉ

(3) **Apprêteur et Lustreur de fil.** — Profession classée par assimilation, dans les départements du Nord et du Rhône comme apprêteur d'étoffes pour les fabriques.

(4) **Blanchisseur de toile.** — Les blanchisseurs pour les particuliers sont classés au tableau A (V. p. 36).

(5) **Cardes.** — Le gouvernement et la Chambre des députés avaient proposé un droit de 8 francs par métier ; un amendement de M. Choron adopté en séance publique a réduit ce droit à 6 francs. Les fabriques par procédés ordinaires sont classées au tableau A (V. p. 37).

(6) **Cocons.** — Le projet de 1876 proposait un droit de 3 fr. par bassine.

L'établissement est imposé en raison de la totalité des bassines qui se trouvent en état de fonctionner au 1ᵉʳ janvier. Dans les calculs qui ont servi à déterminer le droit fixe, on a supposé que cet élément de production ne serait annuellement utilisé que pendant six mois au plus. (Lettre de M. le Ministre des finances à la Chambre de commerce de Lyon, le 9 août 1877.)

Les marchands de cocons sont classés au tableau A (V. p. 38).

* Voir note page 59.

PROFESSIONS	TARIF ANCIEN	TARIF NOUVEAU
	Fr C.	Fr. C.
Collage et séchage de chaînes et tissus (exploitant un établissement de) :		
Droit fixe déterminé	18 »	»
1° par procédés ordinaires (7) :		
Droit fixe déterminé	18 »	5 »
Plus, par ouvrier.	3 60	4 »
2° par procédés mécaniques (7) :		
Par tournant ou cylindre.	»	6 »
Droit proportionnel : sur la maison d'habitation. . . .	au 20e	au 20e
— sur les magasins de vente séparés*	au 20e	*
— sur l'établissement industriel.	au 50e	au 60e
Crin végétal (fabrique de) par procédés mécaniques :		
Par machine à peigner.	6 »	6 »
Droit proportionnel : sur la maison d'habitation	au 20e	au 20e
— sur les magasins de vente*	au 20e	*
— sur l'établissement industriel.	au 40e	au 50e
Découpeur d'étoffes par procédés mécaniques : par métier. . .	6 »	6 »
Droit proportionnel : sur la maison d'habitation	au 20e	au 20e
— sur les magasins de vente séparés*	au 20e	*
— sur l'établissement industriel.	au 40e	au 50e
Drap-feutre (fabricant de) par procédés mécaniques. . . .		
Par paire de cylindres des machines à feutrer	1 20	1 20
Droit proportionnel : sur la maison d'habitation.	au 20e	au 20e
— sur les magasins de vente séparés*	au 20e	*
— sur l'établissement industriel.	au 50e	au 60e
Fabricant (8) :		
Pour les dix premiers ouvriers.	18 »	18 »
Plus (pour les ouvriers au-dessus de dix) : par ouvrier ou par série d'ouvriers momentanément occupés équivalente à un ouvrier employé complètement.	3 60	3 60
Droit proportionnel : sur la maison d'habitation.	au 20e	au 20e
— sur les magasins de vente séparés*	au 20e	*
— sur l'établissement industriel.	au 40e	au 50e

Dans aucun cas, l'ensemble des droits fixe et proportionnel de patente ne peut être inférieur au total qui résulterait de l'application à la profession du fabricant du tarif réglé en raison de la population. (D'après le tableau A.)

(7) **Collage et séchage de chaînes et tissus.** — L'ancienne loi ne faisait pas de distinction entre les industriels usant de procédés ordinaires ou de procédés mécaniques; ceux-ci étaient uniformément taxés : Droit fixe : 18 fr., plus 3 fr. 60 par ouvrier.

(8) **Fabricant.** — Celui dont la profession, inscrite sous une dénomination quelconque au tableau des commerces, industries ou professions dont le droit fixe est réglé eu égard à la population et d'après un tarif général (Tableau A), consiste dans un travail de fabrication, de confection ou de main-d'œuvre, lorsqu'il travaille pour le commerce et qu'il occupe plus de dix ouvriers disséminés ou réunis dans le même établissement.

* Voir note page 59.

PROFESSIONS	TARIF ANCIEN	TARIF NOUVEAU
	Fr. C.	Fr. C.
FABRICANT A FAÇON :		
Pour les dix premiers ouvriers.	9 »	9 »
Plus, par ouvrier ou par série d'ouvriers momentanément occupés, équivalente à un ouvrier employé complètement.	1 80	1 80
Droit proportionnel : sur la maison d'habitation	au 20e	★
— sur l'établissement industriel	au 40e	au 50e
Fil de coton, de laine, de chanvre, de lin, de déchets ou de bourre de soie pour le tissage (retordeur de) (9) :		
Par broche	(10)	0 01
Droit proportionnel : sur la maison d'habitation. . . .	»	au 20e
— sur les magasins de vente séparés*	»	★
— sur l'établissement industriel	»	au 60e
Fil de chanvre, de lin, d'étoupe ou de jute, à coudre, à broder, à tricoter, etc. (retordeur ou fabricant de) (11) :	(11)	
Par broche des moulins et des métiers à retordre. . . .	»	0 03
Plus, par ouvrier employé aux opérations autres que la mise en action des moulins et des métiers à retordre	»	4 »
Droit proportionnel : sur la maison d'habitation	au 20e	au 20e
— sur les magasins de vente séparés*	au 20e	★
— sur l'établissement industriel	au 50e	au 60e
Fil de coton à coudre, à broder, à tricoter, etc. (retordeur ou fabricant de) (11) :	(11)	
Par broche des moulins et des métiers à retordre.	»	0 02
Plus, par ouvrier employé aux opérations autres que la mise en action des moulins et des métiers à retordre. . . .	»	4 »
Droit proportionnel : sur la maison d'habitation	au 20e	au 20e
— sur les magasins de vente séparés.	au 20e	★
— sur l'établissement industriel	au 50e	au 60e
Fil de déchets ou de bourre de soie à coudre, à broder, à tricoter, etc. (11) (retordeur ou fabricant de) :	»	
Par broche des moulins et des métiers à retordre.	(11)	0 06

(9) **Fil de coton.** — Celui qui convertit les fils simples en fils retors destinés à fabriquer les chaînes pour le tissage.

(10) Cette profession ne figurait pas au tarif.

(11) **Fil à coudre, à broder, etc.** — Cette nomenclature est nouvelle dans la loi de 188`; le tarif précédent portait :

    Fil à coudre (fabrique de), droit fixe déterminé . . . . 18 fr.
    Plus par ouvrier. 3 60
    Fil de coton, chanvre, lin (retordeur de) à façon :
    1° au moyen de moulins : pour chaque moulin. 3
    2° au moyen de broches : pour 500 broches et au-dessous. 30
    Plus, par chaque centaine de broches en sus. 6
  Droit proportionnel : Sur l'habitation et sur les magasins de vente . . . au 20e
      — Sur l'établissement industriel . . . . au 50e

★ Voir note page 59.

PROFESSIONS	TARIF ANCIEN	TARIF NOUVEAU
	Fr. C.	Fr. C,
Plus, par ouvrier employé aux opérations autres que la mise en action des moulins et des métiers à retordre.	»	4 »
Droit proportionnel : sur la maison d'habitation	au 20ᵉ	au 20ᵒ
— sur les magasins de vente séparés*	au 20ᵒ	*
— sur l'établissement industriel	au 50ᵉ	au 60ᵒ
Fil de laine à coudre, à broder, à tricoter, etc. (retordeur ou fabricant de) (11) :		
Par broche des moulins et des métiers à retordre.	(11)	0 04
Plus, par ouvrier employé aux opérations autres que la mise en action des moulins et des métiers à retordre.	»	4 »
Droit proportionnel : sur la maison d'habitation. . . .	au 20ᵉ	au 20ᵉ
— sur les magasins de vente séparés	au 20ᵒ	*
— sur l'établissement industriel.	au 50ᵒ	au 60ᵉ
Fils mélangés (retordeur ou fabricant) (11) : taxe afférente à la retorderie passible du droit le plus élevé.	(11)	
Fil (dévideur de) (12) :		
Par broche.	(12)	0 01
Droit proportionnel : sur la maison d'habitation. . . .	»	au 20ᵉ
— sur les magasins de vente séparés*	»	*
— sur l'établissement industriel.	»	au 60ᵒ
Filatures (13) :		
(Pour les filatures de soie, voyez *Cocons*.)		
(Voir les chapitres suivants pour filatures des différents textiles)	»	»

(11) (Voir note 11 page précédente).

(12) **Dévideur de fil.** — Les dévideurs de fil étaient assimilés aux ouvriers tisseurs et, à ce titre, exempts jusqu'à présent de la patente. La loi nouvelle constitue une charge très lourde pour cette industrie qui est exercée à Lyon, exclusivement par des femmes et, le plus souvent, par des jeunes filles. En voici un exemple, pris à Lyon pour un atelier de dévideuses ayant quatre mécaniques et un loyer de 400 fr.

14 broches par mécanique : soit 56 broches, plus 84 broches pour le détran-canoir, en total :

140 broches à un centime.	1 fr. 40	
Habitation 100 fr. au 20ᵉ	5 »	
Atelier 300 fr. au 60ᵉ	5 »	38 fr. 99
Centimes additionnels (1 fr. 21 à Lyon)	13 79	
Cote personnelle	3 80	
Cote mobilière	10 »	

Le législateur n'a pas tenu compte des vœux exprimés par les Chambres de commerce de Lyon et de Rouen, tendant au maintien de l'exemption de la patente pour cette industrie.

(13) **Filatures.** — Les filatures étaient réparties dans le tarif précédent en deux catégories :
1· les filatures de laine, de chanvres ou de lin ;
2· les filatures de coton, de déchets ou de bourre de soie.
Le droit fixe se composait pour le premier groupe, d'un droit déterminé de 6 fr. plus 3 fr. 60 par

PROFESSIONS	TARIF ANCIEN	TARIF NOUVEAU
	Fr. C.	Fr. C.
Filatures de chanvre, de lin, d'étoupes ou de jute :		
Droit fixe déterminé	6 »	néant
Par assortiment de machines à carder ou à peigner.	6 »	»
Par chaque centaine de broches	3 60	»
Par broche (14).	»	0 08
Le droit de 0,08 par broche est réduit de moitié pour les fila- *tures non pourvues de peignerie ou de carderie. Les broches* *des bancs à broches cessent d'être passibles de la taxe.*		
Droit proportionnel : sur la maison d'habitation.	au 20e	au 20e
— sur les magasins de vente séparés★.	au 20e	★
— sur l'établissement industriel.	au 50e	au 60e
Filature de coton :		
Droit fixe déterminé	3 60	néant
Par assortiment de machines à peigner ou à carder. . . .	6 »	»
Par chaque centaine de broches.	1 80	»
Par broche (15).	»	0 02
(Le droit de 0,02 par broche est réduit de moitié pour les fila- *tures non pourvues de peignerie ou de carderie. Les broches* *des bancs à broches cessent d'être passibles de la taxe.)*		
Droit proportionnel : sur la maison d'habitation. . . .	au 20e	au 20e
— sur les magasins de vente séparés★. . . .	au 20e	★
— sur l'établissement industriel.	au 50e	au 60e
Filature de soie (voyez Cocons).		
Filature de déchets ou de bourre de soie :		
Droit fixe déterminé	3 60	néant
Par assortiment de machines à peigner ou à carder. . . .	6 »	»
Par chaque centaine de broches.	1 80	»
Par broche (15).	»	0 06
(Le droit de 0,06 par broche est réduit de moitié pour les fila- *tures non pourvues de peignerie ou de carderie. Les broches* *des bancs à broches cessent d'être passibles de la taxe).*		

chaque centaine de broches, et, pour le deuxième groupe, d'un droit déterminé de 3 fr. 60, plus 1 fr. 80 pour chaque centaine de broches. En outre, les établissements qui contenaient des peigneries ou des carderies avaient à payer un droit de 6 fr. par assortiment de machines à peigner ou à carder.

La nouvelle loi supprime d'abord le droit déterminé de 6 fr. comme n'ayant rien de proportionnel ; il différencie les taxes suivant la nature des matières filées et impose les droits fixes par broche ; il règle sur d'autres bases le droit fixe des machines à carder ou à peigner, en le rendant plus dépendant du droit par broche, lorsque la filature renferme à la fois des broches et des cardes ou peigneuses ; enfin il supprime la taxe par broche de bancs à broches considérés comme instruments préparatoires, ainsi que celle des broches des métiers en gros assimilées aux bancs à broches dans la filature de la laine cardée.

(14) **Filature de chanvre.** — Les broches de retordage existant dans les filatures sont imposées comme telles d'après le tarif qui les concerne.

(15) **Filature de coton, de déchets de soie.** — Les broches de retordage existant dans

★ Voir note page 59.

PROFESSIONS	TARIF ANCIEN	TARIF NOUVEAU
	Fr. C.	Fr. C.
Droit proportionnel : sur la maison d'habitation.	au 20e	au 20e
— sur les magasins de vente séparés*	au 20e	*
— sur l'établissement industriel.	au 50e	au 60e
Filature de laine cardée :		
Droit fixe déterminé.	6 »	néant
Par assortiment de machines à peigner ou à carder.	6 »	»
Plus, par chaque centaine de broches.	3 50	»
Par broche (16).	»	0 04
(Le droit de 0,04 par broche est réduit de moitié pour les filatures non pourvues de carderie. Les broches des métiers en gros, susceptibles d'être assimilées aux bancs à broches ne sont plus passibles de la taxe).		
Droit proportionnel : sur la maison d'habitation.	au 20e	au 20e
— sur les magasins de vente séparés*	au 20e	*
— sur l'établissement industriel	au 50e	au 60e
Filature de laine peignée :		
Droit fixe déterminé.	6 »	néant
Par assortiment de machines à peigner ou à carder. . . .	6 »	»
Par chaque centaine de broches.	3 60	»
Par broche (16).	»	0 04
(Le droit de 0,04 par broche se cumule avec le droit fixe afférent aux carderies et aux peigneries pour les filatures qui renferment des machines à peigner ou à carder. Les broches des bancs à broches ne sont plus passibles de la taxe.)		
Droit proportionnel : sur la maison d'habitation.	au 20e	au 20e
— sur les magasins de vente séparés*	au 20e	*
— sur l'établissement industriel.	au 50e	au 60e
Foulonnier :		
Par pot à fouler ou à laver	3 60	3 »
Par machine à fouler ou à laver.	12 »	10 »
Droit proportionnel : sur la maison d'habitation. . . .	au 20e	au 20e
— sur les magasins de vente séparés*	au 20e	*
— sur l'établissement industriel.	au 40e	au 50e
Guimperie (fabricant de) par procédés mécaniques (17) :		
Pour 100 bouts ou cordes et au-dessus.	12 »	»
Par corde ou par bout de corde	»	0 12

les filatures sont imposées comme telles d'après le tarif qui les concerne. Les marchands de bourre et déchets de soie sont classés au tableau A (p. 36).

(16) **Filature de laine.** — Les broches de retordage existant dans les filatures sont imposées comme telles d'après le tarif qui les concerne.

(17) **Guimperie.** — Les guimpiers sont classés au tableau A (V. p. 41.)

* Voir note page 59.

PROFESSIONS	TARIF ANCIEN	TARIF NOUVEAU
	Fr. C.	Fr. C.
Droit proportionnel : sur la maison d'habitation	au 20c	au 20c
— sur les magasins de vente séparés*	au 20c	*
— sur l'établissement industriel	au 40c	au 50c
Imprimeur d'étoffes ou de fil : (18)		
par 25 tables et au-dessus	60 »	»
Par table en sus	3 60	»
Par table	»	4 »
Droit proportionnel : sur la maison d'habitation	au 20c	au 20c
— sur les magasins de vente séparés*	au 20c	*
— sur l'établissement industriel	au 50c	au 60c
Lacets ou tresses en laine, coton ou soie (fabrique de) : par procédés mécaniques (19)		
Pour 500 broches ou fuseaux et au-dessous	12 »	»
Pour chaque centaine de broches ou fuseaux en sus	1 80	»
Par fuseau	»	0 02
Droit proportionnel : sur la maison d'habitation	au 20c	au 20c
— sur les magasins de vente séparés *	au 20c	*
— sur l'établissement industriel	au 50c	au 60c
Lamier-rotier : (20)		
Droit fixe déterminé	60 »	5 »
Plus, par ouvrier	néant	4 »
Droit proportionnel : sur la maison d'habitation	au 20c	au 20c
— sur les magasins de vente séparés*	au 20c	*
— sur l'établissement industriel	au 40c	au 50c
Laminerie (entrepreneur de) (21) :		
Par paire de cylindres d'un mètre et de longueur et au-dessus	120 »	»
— — au-dessous d'un mètre de longueur	60 »	»
Par cylindre d'un mètre de longueur et au-dessus	»	60 »
— au-dessous d'un mètre de longueur	»	30 »

(18) **Imprimeur d'étoffes.** — Dans les machines à imprimer au rouleau, chaque rouleau compte p. 25 tables ; dans les machines à imprimer dites *Perrotines,* chaque couleur compte pour 6 tables. Dans les machines à imprimer à la planche plate, chaque planche plate compte sur 6 tables.

(19) **Lacets.** — Le gouvernement et la commission de la Chambre des députés proposaient un droit de 2 centimes 5/10es par fuseau ; un amendement de M. Choron en séance publique a fait réduire ce droit à 2 centimes. La Chambre de commerce de Saint-Quentin demandait qu'il fût seulement de 1 centime (Délibération du 13 mai 1878).

(20) **Lamier-rotier.** — La précédente législation comportait trois catégories : 1· Lamier-rotier pour son compte ; 2· lamier-rotier à façon, classés au tableau A ; 3° lamier rotier par procédés mécaniques, classé au tableau C. La nouvelle loi classe cette profession sous une seule dénomination, au tableau C, en la soumettant au tarif ci-dessus.

Dans cette profession se trouvent compris les fabricants de peignes à tisser.

(21) **Laminerie.** — Les lamineurs n'employant que des laminoirs mus à bras d'hommes sont classés au tableau A (V. p. 42).

* Voir note page 59.

PROFESSIONS	TARIF ANCIEN	TARIF NOUVEAU
	Fr. C.	Fr. C.
Droit proportionnel : sur la maison d'habitation.	au 20e	au 20e
— sur les magasins de vente séparés*	au 20e	*
— sur l'établissement industriel.	au 40e	au 50e
Laveur de laines par procédés mécaniques ou chimiques (22).		
Droit fixe déterminé	(22)	5 »
Plus, par ouvrier.	»	4 »
Droit proportionnel : sur la maison d'habitation.	»	au 20e
— sur les magasins de vente séparés*.	»	*
— sur l'établissement industriel.	»	au 50e
Laveur de vieilles étoffes pour les filatures de laine. . . .	(23)	
Mêmes droits que les laveurs de laine.		»
Lin ou chanvre (fabrique de) : par procédés mécaniques ou chimiques : (24).		
Droit fixe déterminé	18 »	5 »
Plus, par ouvrier.	3 60	4 »
Droit proportionnel : sur la maison d'habitation. . . .	au 20e	au 20e
— sur les magasins de vente séparés*. . . .	au 20e	*
— sur l'établissement industriel.	au 40e	au 50e
Machines à coudre, à piquer, à broder, à plisser et autres machines analogues (constructeur de) (25).		
Droit fixe déterminé	30 »	5 »
Plus, par ouvrier.	3 60	5 »
Droit proportionnel : sur la maison d'habitation.	au 20e	au 20e
— sur les magasins de vente séparés*.	au 20e	*
— sur l'établissement industriel.	au 50e	au 60e
Machines à vapeur, métiers mécaniques pour la filature et le tissage (constructeur de).		
Droit fixe déterminé	30 »	5 »
Plus, par ouvrier.	3 60	5 »
Droit proportionnel : sur la maison d'habitation	au 20e	au 20e
— sur les magasins de vente séparés*	au 20e	*
— sur l'établissement industriel.	au 50e	au 60e
Métiers (fabrique à) : (Voyez Tissage, **Passementerie. Tulles.**		

(22) **Laveurs de laine.** — Les laveurs de laine étaient classés sans distinction au tableau A, où restent seuls les laveurs par procédés ordinaires. (V. p. 42.)

(23) **Laveurs de vieilles étoffes.** — Profession nouvelle inscrite au tarif.

(24) **Lin ou chanvre.** — Les marchands sont classés au tableau A. (V. p. 42.)

(25) **Machines à coudre.** — Les marchands sont classés au tableau A (V. p. 42).

* Voir note page 59.

PROFESSIONS	TARIF ANCIEN	TARIF NOUVEAU
	Fr. C.	Fr. C.
Mèches pour les mines et les artifices (fabricant de) :		
Droit fixe déterminé.	12 »	5 »
Plus, par ouvrier.	3 60	4 »
Droit proportionnel : sur la maison d'habitation.	au 20ᶜ	au 20ᶜ
— sur les magasins de vente séparés*	au 20ᶜ	★
— sur l'établissement industriel.	au 25ᶜ	au 40ᶜ
Moulinier en soie : qu'il travaille pour son compte ou à façon (26)		
Droit fixe déterminé.	6 »	néant
Par centaine de tavelles.	6 »	»
Par tavelle.	»	0 06
Par broche dite de filature dans les établissements qui emploient le système Meynard ou un procédé analogue. . .	»	0 20
Par centaine de broches, fuseaux, baguettes ou axes supportant les bobines ou roquelles de toute nature.	0 72	»
Par broche, fuseau, baguette ou axe supportant les bobines, roquets ou roquelles de toute nature.	»	0 01
N. B. *On impose également à raison de 1 cent., les bobines des flotteurs ou moulins de dévidage alors même qu'elles ne sont pas supportées par des axes.*		
Droit proportionnel : sur la maison d'habitation. . . .	au 20ᶜ	au 20ᶜ
— sur les magasins de vente séparés*	au 20ᶜ	★
— sur l'établissement industriel.	au 40ᶜ	au 50ᶜ
Ouate (fabrique de) par procédés mécaniques :		
Par carde.		4 »
Droit proportionnel : sur la maison d'habitation.		au 20ᶜ
— sur les magasins de vente séparés*	(27)	★
— sur l'établissement industriel.		au 50ᶜ

(26) **Moulinier.** — Le projet de 1876 proposait un droit de 0 fr. 10 par tavelle. La nouvelle loi aggrave cependant encore les droits anciens. En effet, la taxe était perçue par groupes indivisibles de cent tavelles et les fractions de centaines n'étaient pas comptés. Une usine renfermant 1190 tavelles par exemple ne payait que pour 1100 tavelles, soit 66 fr. ; elle payera désormais 71 fr. 94. De même une usine renfermant 1199 broches payait pour 1100 broches, soit 7 fr. 92 ; elle payera désormais 11 fr. 99.

Dans cette hypothèse, où le nombre des broches et tavelles non taxées précédemment est le plus élevé, l'accroissement de taxe sera donc 5 fr. 94 + 4,07, soit 10 fr. 01 ; bien que dans la plupart des cas, cette aggravation soit compensée par la suppression du droit fixe de 6 fr., l'avantage de la nouvelle loi résulte surtout de l'abaissement du droit proportionnel et de l'exemption du droit fixe pour les associés secondaires.

(27) **Ouate.** — La loi précédente n'établissait pas de distinction entre les fabriques par procédés mécaniques et les fabriques par procédés non mécaniques, qui étaient classées au tableau A, où les dernières restent seules maintenues (V. p. 43.)

* Voir note page 59.

PROFESSIONS	TARIF ANCIEN	TARIF NOUVEAU
	Fr. C.	Fr. C.
Passementerie (fabrique de) : (28)		
par métier à plusieurs bandes	3 »	4 »
par métier à une bande	3 »	1 20
Droit proportionnel : sur la maison d'habitation	au 20ᵉ	au 20ᵉ
— sur les magasins de vente séparés*	au 20ᵉ	*
— sur l'établissement industriel	au 50ᵉ	au 60ᵉ
FABRICANT A FAÇON : (29)		
ayant moins de 10 métiers	exempt	»
ayant 10 métiers ou plus : par métier (demi-droit)	1 50	»
Droit proportionnel : sur la maison d'habitation	au 20ᵉ	»
— sur l'établissement industriel	au 50ᵉ	»
ayant 1 ou 2 métiers à plusieurs bandes	»	exempt
ayant 8 métiers ou moins à une bande	»	exempt
ayant 3 à 12 métiers à plusieurs bandes : par métier (demi-droit)	»	2 »
ayant 9 à 41 métiers à une bande : par métier (demi-droit)	»	0 60
Droit proportionnel : sur la maison d'habitation	»	au 20ᵉ
— sur l'établissement industriel	»	au 60ᵉ
(Le fabricant à façon ayant plus de 12 métiers à plusieurs bandes ou de 41 métiers à une bande, paye le droit fixe plein.		
Peignes à tisser (fabricant de) : (Voir LAMIER-ROTIER, p. 66).		
Peignerie ou carderie par procédés mécaniques : (30)		
Par assortiment de machines à peigner ou à carder	6 »	(30)
Droit proportionnel : sur la maison d'habitation	au 20ᵉ	au 20ᵉ
— sur les magasins de vente séparés*	au 20ᵉ	*
— sur l'établissement industriel	au 40ᵉ	au 60ᵉ
(Voir les §§ suivants pour les peigneries et carderies des divers textiles).		

(28) **Passementerie.** — Ces fabriques étaient taxées comme fabriques à métiers, à 3 fr. par métier. Le passementier, lorsqu'il fabrique des articles n'exigeant pas l'emploi de métier, est classé au tableau A (V. p. 44).

(29) Le nouveau tarif résulte de cette disposition que les fabricants à façon dont le droit fixe, calculé sur le tarif du fabricant pour son compte n'excède pas 10 fr. en principal est exempt de la patente, et que le fabricant à façon dont le droit fixe calculé sur le même tarif n'excède pas 50 fr. en principal, paye demi-droit (V. note p. 72).

Notre tableau a été dressé pour l'hypothèse où le fabricant à façon n'emploie qu'un genre de métier. Pour celui qui possède les deux genres de métiers, le régime appliqué (exemption ou demi-droit) est réglé d'après la somme totale des droits fixes qu'il aurait à payer comme fabricant pour son compte. Si cette somme dépasse 50 fr. il paye le droit fixe entier.

(30) **Peigneries.** — Les peigneries et carderies, autrefois réunies sous un seul article, forment maintenant trois articles différents, distinguant la nature de la matière à ouvrer. De plus, la loi nouvelle, au lieu de prendre pour élément de taxe l'assortiment de machines, adopte pour base la machine à peigner ou à carder. En ce qui concerne le droit proportionnel, les peigneries passent de la 3ᵉ partie à la 4ᵉ partie du tableau C; de là la réduction du 40ᵉ au 60ᵉ sur la valeur locative des établissements industriels, réduction qui met les carderies et peigneries sur le même pied que les filatures.

* Voir note page 59.

PROFESSIONS	TARIF ANCIEN	TARIF NOUVEAU
	Fr. C.	Fr. C.
Peignerie ou carderie de bourre de soie par procédés mécaniques :		
Par assortiment de machines à peigner ou à carder. . . .	6 »	»
Par machine à peigner ou à carder.	»	5 »
Droit proportionnel : sur la maison d'habitation. . . .	au 20ᶜ	au 20ᶜ
— sur les magasins de vente séparés* . . .	au 20ᶜ	★
— sur l'établissement industriel.	au 40ᶜ	au 60ᶜ
Peignerie ou carderie de coton par procédés mécaniques :		
Par assortiment de machines à peigner ou à carder. . . .	6 »	»
Par machine à peigner ou à carder.	»	3 »
Droit proportionnel : sur la maison d'habitation. . . .	au 20ᶜ	au 20ᶜ
— sur les magasins de vente séparés* . . .	au 20ᶜ	★
— sur l'établissement industriel.	au 40ᶜ	au 60ᶜ
Peignerie ou carderie de laine : par procédés mécaniques : (31)		
Par assortiment de machines à peigner ou à carder. . . .	6 »	»
Par carde (si l'établissement ne contient que des cardes) .	»	5 »
Si l'établissement comporte des cardes et des peigneuses marchant solidairement :		
Par peigneuse produisant moins de 40 kil. par 12 heures de travail.	»	10 »
Par peigneuse produisant de 40 à 80 kil. par 12 heures de travail.	»	15 »
Par peigneuse produisant plus de 80 kil. par 12 heures de travail.	»	25 »
(Les cardes qui ne sont pas nécessaires à l'alimentation des peigneuses sont taxées à raison de 5 fr. chacune. Dans aucun cas, le droit fixe ne peut être inférieur à celui qui résulterait de l'application du droit de 5 fr. par carde, en comptant la peigneuse pour une carde).		
Droit proportionnel : sur la maison d'habitation.	au 20ᶜ	au 20ᶜ
— sur les magasins de vente séparés*	au 20ᶜ	★
— sur l'établissement industriel.	au 40ᶜ	au 60ᶜ
Sociétés formées par actions, pour opérations de banque, de crédit, d'escompte, de dépôts, comptes courants, etc. (32) :		
Par 1,000 francs de capital versé ou non versé.	»	0 30
Droit proportionnel.	»	au 10ᶜ

(31) **Peignerie de laine.** — Le gouvernement avait proposé pour les peigneries ou carderies de laine une taxe uniforme de 20 fr. par peigneuse.

(32) **Société par actions.** — Ces sociétés ont été exceptées de la mesure qui a réduit du 15ᶜ au 20ᶜ le droit proportionnel de la première partie du tableau C. Pour elles le droit proportionnel, au lieu d'être abaissé au 20ᶜ, a été élevé au 10ᶜ.

Dans le cas où l'ensemble des droits fixe ou proportionnel calculé conformément à ce tableau serait inférieur au total qui résulterait de l'application du tarif du tableau A ou du tableau B, selon la nature des professions exercées, ce serait le tarif de ces derniers tableaux qui serait appliqué.

* Voir note page 59.

PROFESSIONS	TARIF ANCIEN	TARIF NOUVEAU
	Fr. C.	Fr. C.
Tapis et tapisseries (fabrique de) (33) :		
Par métier mû à bras ou mécaniquement.	3 »	4 »
Par ouvrier occupé aux métiers de tapisserie à point noué ou point sarrazinois.	»	4 »
Droit proportionnel : sur la maison d'habitation. . . .	au 20ᶜ	au 20ᶜ
— sur les magasins de vente séparés*	au 20ᶜ	*
— sur l'établissement industriel.	au 50ᶜ	au 60ᶜ
FABRICANT A FAÇON :		
ayant moins de 10 métiers	exempt	
ayant 10 métiers ou plus : par métier (demi-droit) . . .	1 50	(34)
Droit proportionnel : sur la maison d'habitation . . .	au 20ᶜ	au 20ᶜ
— sur l'établissement industriel.	au 50ᶜ	au 60ᶜ
Teinturier pour les fabricants et les marchands :		
Droit fixe déterminé	18 »	5 »
Plus, par ouvrier.	3 60	4 »
Droit proportionnel : sur la maison d'habitation . . .	au 20ᶜ	au 20ᶜ
— sur les magasins de vente séparés*	au 20ᶜ	*
— sur l'établissement industriel.	au 40ᶜ	au 50ᶜ
Tireur d'or, d'argent ou de platine (par procédés mécaniques) (35) :		
Droit fixe déterminé	30 »	5 »
Par ouvrier	néant	4 »
Par bobine de traction.	3 »	3 »
Droit proportionnel : sur la maison d'habitation	au 20ᶜ	au 20ᶜ
— sur les magasins de vente*.	au 20ᶜ	*
— sur l'établissement industriel	au 40ᶜ	au 50ᶜ
Tissage (fabrique à métiers) :		
Par métier.	3 »	(36)
Droit proportionnel : sur la maison d'habitation. . . .	au 20ᶜ	au 20ᶜ
— sur les magasins de vente séparés*	au 20ᶜ	*
— sur l'établissement industriel	au 50ᶜ	au 60ᶜ

(33) **Tapis.** — Ces fabriques étaient taxées, comme fabriques à métiers, à 3 fr. par métier.

(34) Le fabricant à façon dont le droit fixe (par métier et par ouvrier), calculé sur le tarif du fabricant pour son compte, ne dépasse pas 10 fr., est exempt de la patente ; celui dont le droit fixe calculé sur la même base ne dépasse pas 50 fr. paye demi-droit fixe ; enfin celui dont le droit fixe dépasse 50 fr. paye le droit plein.

(35) **Tireur d'or et d'argent.** — Précédemment dénommé Usine à tirer l'or et l'argent. Les tireurs d'or et d'argent par procédés non mécaniques sont classés au tableau A. (Voir p. 45.)

(36) **Tissage.** — Le droit était uniformément de 3 fr. par métier, quel qu'il fût, pour toutes les fabriques à métiers. Le gouvernement a pensé que la taxe devait différer avec les matières mises en œuvre, la nature des métiers (mécaniques ou à bras) employés et les produits obtenus ; mais les deux Chambres, en adoptant le principe des propositions du gouvernement, ont apporté des modifications beaucoup plus complètes qui se traduisent, pour la plupart des fabriques à métiers, par des dégrèvements importants à ajouter à ceux qui résultent de la suppression du droit fixe pour les associés secondaires.

* Voir note page 59.

PROFESSIONS	TARIF ANCIEN	TARIF NOUVEAU
	Fr. C.	Fr. C.
Tissage à façon (37) :		
Fabricant ayant moins de 10 métiers	exempt	(37)
Fabricant ayant 10 métiers ou plus : par métier (demi-droit)	1 50	»
Droit proportionnel : sur la maison d'habitation	au 20ᵉ	au 20ᵉ
— sur l'établissement industriel	au 50ᵉ	au 60ᵉ
(Pour les tissages à façon des différents textiles, voir les articles spéciaux qui les concernent).		
Tissage de coton, chanvre ou lin (fabrique à métiers) (38) :		
Par métier mu mécaniquement	3 »	2 50
Par métier à bras	3 »	1 50
Droit proportionnel : sur la maison d'habitation	au 20ᵉ	au 20ᵉ
— sur les magasins de vente séparés*	au 20ᵉ	*
— sur l'établissement industriel	au 50ᵉ	au 60ᵉ
Fabricant à façon (39) :		
ayant moins de 10 métiers	exempt	»
ayant 10 métiers ou plus : par métier (demi-droit)	1 50	»
Droit proportionnel : sur la maison d'habitation.	au 20ᵉ	»
— sur l'établissement industriel.	au 50ᵉ	»
ayant 4 métiers mécaniques ou moins	»	exempt
ayant 6 métiers à bras ou moins	»	exempt
ayant de 5 à 20 métiers mécaniques : par métier (demi-droit) .	»	1 25
Ayant de 7 à 33 métiers à bras : par métier (demi-droit) .	»	0 75
Le fabricant à façon ayant plus de 20 métiers mécaniques ou de 33 métiers à bras, paye le droit fixe plein.		
Droit proportionnel : sur la maison d'habitation.	»	au 20ᵉ
— sur l'établissement industriel.	»	au 60ᵉ

(37) **Tissage à façon.** — Actuellement les fabricants à façon sont exemptés de la patente lorsqu'ils ont moins de dix métiers, et ils payent demi-droit fixe, soit 1 fr. 50 lorsqu'ils ont dix métiers ou plus.

Le projet du gouvernement proposait de réduire le droit fixe de moitié pour le fabricant à façon ayant moins de vingt métiers, et de n'accorder l'immunité de la patente qu'à celui qui, n'occupant qu'un seul métier, travaille dans les conditions ordinaires d'un ouvrier.

La Chambre des députés et le Sénat ont substitué à cette proposition, la combinaison suivante :

Est exempt de la patente le façonnier dont le droit fixe calculé conformément au tarif n'excède pas 10 fr. en principal.

Est réduite de moitié la patente du façonnier dont le droit fixe calculé conformément au tarif n'excède pas 50 fr. en principal.

Le façonnier dont le droit fixe calculé conformément au tarif excède 50 fr. payera donc le droit plein.

D'après l'administration des contributions, le calcul du droit fixe, qui règle le régime (exemption, demi-droit ou droit plein) à appliquer au fabricant à façon, doit être fait sur le tarif plein du fabricant pour son compte. Cette interprétation que nous étudions dans un chapitre spécial, aggrave dans des proportions très considérables les charges de cette nombreuse catégorie de contribuables.

Ajoutons que le fabricant à métier pour son compte est imposé pour les métiers des fabricants à façon qui travaillent pour lui, alors même que ceux-ci sont déjà personnellement imposés.

(38) **Tissage de coton.** — Le Gouvernement avait proposé une taxe uniforme de 2 fr. 50 par métier.

(39) Voir note 41, page suivante.

* Voir note page 56.

PROFESSIONS*	TARIF ANCIEN	TARIF NOUVEAU
	Fr. C.	Fr. C.
Tissage de laine (fabrique à métiers) : (40)		
Par métier mû mécaniquement.	3　　»	3　　»
Par métier à bras.	3　　»	2　　»
Droit proportionnel : sur la maison d'habitation.	au 20ᶜ	au 20ᶜ
— sur les magasins de vente séparés*	au 20ᶜ	*
— sur l'établissement industriel.	au 50ᶜ	au 60ᶜ
FABRICANT A FAÇON : (41)		
ayant moins de 10 métiers	exempt	»
ayant 10 métiers ou plus par métier (demi-droit)	1　50	»
Droit proportionnel : sur la maison d'habitation. . . .	au 20ᶜ	»
— sur l'établissement industriel	au 50ᶜ	»
ayant 3 métiers mécaniques ou moins		exempt
ayant 5 métiers à bras ou moins	»	exempt
ayant de 4 à 16 métiers mécaniques : par métier (demi-droit) .	»	1　50
ayant de 6 à 25 métiers à bras : par métier (demi-droit). . .	»	1　　»
Droit proportionnel : sur la maison d'habitation	»	au 20ᶜ
— sur l'établissement industriel.	»	au 60ᶜ
(Le fabricant à façon ayant plus de 16 métiers mécaniques ou de 25 métiers à bras, paye le droit fixe plein.)		
Tissage de rubans de fil (chanvre ou lin), de coton, de fil et coton :		
Par métier.	3　　»	»
Par bande de métiers à tisser.	»	0　08
Droit proportionnel : sur la maison d'habitation. . . .	au 20ᶜ	au 20ᶜ
— sur les magasins de vente séparés*	au 20ᶜ	*
— sur l'établissement industriel.	au 50ᶜ	au 60ᶜ
FABRICANT A FAÇON : (41)		
ayant moins de 10 métiers	exempt	»
ayant 10 métiers ou plus : par métier (demi-droit)	1　50	»

(40) **Tissage de laine.** — Le fabricant à métier qui fait fouler et apprêter des draps, tissé avec les métiers qu'il occupe, est imposable au droit fixe, en raison de tous ses moyens de production : métiers, foulerie et ouvriers d'apprêt (art. Conseil d'État, 6 août 1857).

Le gouvernement demandait de porter de 3 à 4 fr. le droit sur les métiers de laine, sans distinguer entre les métiers à bras et les métiers mécaniques ; cette aggravation avait été adoptée par la Chambre des députés ; mais, sur l'avis de sa commission, le Sénat a ramené à 3 fr. la taxe du métier mécanique, et, pour faire état de la différence de production entre ce métier et le métier à bras, elle a abaissé pour ce dernier métier, la taxe à 2 fr.

(41) Le nouveau tarif résulte de cette disposition que le fabricant à façon dont le droit fixe calculé sur le tarif du fabricant pour son compte n'excède pas 10 fr. en principal, est exempt de la patente et que le fabricant à façon dont le droit fixe calculé sur le même tarif n'excède pas 50 fr. en principal paye demi-droit fixe.

Notre tableau a été dressé pour l'hypothèse où le fabricant à façon n'emploie qu'un seul genre de métiers. Pour celui qui possède plusieurs genres de métiers, le régime appliqué (exemption ou demi-droit) est réglé d'après la somme totale des droits fixes qu'il aurait à payer comme fabricant pour son compte. Si cette somme totale dépasse 50 fr., il paye le droit fixe entier.

* Voir note page 59.

PROFESSIONS	TARIF ANCIEN	TARIF NOUVEAU
	Fr. C.	Fr. C.
Droit proportionnel : sur la maison d'habitation. . . .	au 20ᵉ	»
— sur l'établissement industriel	au 50ᵉ	»
ayant 125 bandes ou moins de métiers à tisser	»	exempt
ayant de 126 à 625 bandes de métiers à tisser : par bande (demi-droit)	»	0 04
Droit proportionnel : sur la maison d'habitation. . . .	»	au 20ᵉ
— sur l'établissement industriel.	»	au 60ᵉ
(Le fabricant à façon ayant plus de 625 bandes de métiers à tisser, paye le droit plein).		
Tissage de soie (fabrique à métier) (42) :		
Par métier ordinaire mû mécaniquement.	3 »	3 »
Par métier ordinaire à bras.	3	2 »
Par métier à rubans, dit de montagne, ne faisant qu'une seule pièce.	—	1 20
Droit proportionnel : sur la maison d'habitation.	au 20ᵉ	au 20ᵉ
— sur les magasins de vente séparés★	au 20ᵉ	au 60ᵉ
— sur l'établisement industriel.	au 50ᵉ	au 60ᵉ
Fabricant a façon (43) :		
ayant moins de 10 métiers	exempt	»
ayant 10 métiers ou plus : par métier (demi-droit)	1 50	»
Droit proportionnel : sur la maison d'habitation. . . .	au 20ᵉ	»
— sur l'établissement industriel . . .	au 50ᵉ	»
ayant 3 métiers mécaniques ou moins	»	exempt
ayant 5 métiers à bras ou moins	»	exempt
ayant 8 métiers à rubans, dits de montagne, ou moins . . ·	»	exempt
ayant de 4 à 16 métiers mécaniques : par métier (demi-droit).	»	1 50
ayant de 6 à 25 métiers à bras : par métier (demi-droit). . .	»	1 »
ayant de 9 à 41 métiers à rubans, dits de montagne : par métier (demi-droit).	»	

(42) **Tissage de soie.** — Le gouvernement proposait le tarif suivant : 4 fr. par métier ordinaire, 1 fr. 20 par métier dit de montagne ne faisant qu'une pièce.

La Chambre des députés s'y était ralliée. Sur l'intervention de M. Édouard Millaud, Sénateur du Rhône, la commission du Sénat (considérant que le produit moyen d'un métier de soieries est sensiblement égal à celui d'un métier à laine, parce que si la matière première est plus précieuse, l'organisation particulière de l'industrie de la soie expose le tisseur au chômage fréquent d'une partie des métiers qu'il garde constamment à sa disposition), a obtenu que le droit fût ramené à 3 fr. pour le métier ordinaire mû mécaniquement, et à 2 fr. pour le métier ordinaire à bras.

(43) Le nouveau tarif résulte de cette disposition que le fabricant à façon dont le droit fixe, calculé sur le tarif du fabricant pour son compte, n'excède pas 10 fr. en principal, est exempt de la patente, et que le fabricant à façon, dont le droit fixe, calculé sur le même tarif, n'excède pas 50 fr. en principal, paye demi-droit fixe.

Notre tableau a été dressé dans l'hypothèse où le fabricant à façon n'emploie qu'un genre de métier. Pour celui qui possède plusieurs genres de métiers, le régime appliqué (exemption ou

★ Voir note page 59.

PROFESSIONS	TARIF ANCIEN	TARIF NOUVEAU
	Fr. C.	Fr. C.
Droit proportionnel : sur la maison d'habitation	»	au 20e
— sur l'établissement industriel.	»	au 60e
(Les fabricants à façon ayant plus de 16 métiers mécani-		
ques, ou de 25 métiers à bras ou de 41 métiers à rubans de		
montagne, payent le droit-fixe plein.)		
Tissage de coton ou de lin, mélangé de laine ou de soie : (44)		
Par métier mû mécaniquement.	3 »	3 »
Par métier à bras	3 »	2 »
Droit proportionnel : sur la maison d'habitation	au 20e	au 20e
— sur les magasins de vente séparés ★ . . .	au 20e	★
— sur l'établissement industriel	au 50e	au 60e
FABRICANT A FAÇON :		
ayant moins de 10 métiers	exempt	»
ayant dix métiers ou plus : par métier (demi-droit)	1 50	»
Droit proportionnel : sur la maison d'habitation . . .	au 20e	»
— sur l'établissement industriel.	au 50e	»
ayant 3 métiers mécaniques ou moins	»	exempt
ayant 5 métiers à bras ou moins	»	exempt
ayant de 4 à 16 métiers mécaniques : par métier (demi-droit) .	»	1 50
ayant de 6 à 25 métiers à bras : par métier (demi-droit). . .	»	1 »
Droit proportionnel : sur la maison d'habitation. . . .	»	au 20e
— sur l'établissement industriel	»	au 60e
(Les fabricants à façon ayant plus de 16 métiers mécani-		
ques ou de 25 métiers à bras payent le droit fixe plein.)		
Tissages autres que ceux spécialement désignés : (45)		
Par métier mû mécaniquement.	3 »	2 50
Par métier à bras.	3 »	1 50

demi-droit), est réglé d'après la somme totale des droits fixes qu'il aurait à payer, comme fabricant pour son compte. Si cette somme totale dépasse 50 fr. il paye le droit fixe entier.

La Chambre de commerce de Lyon avait demandé, à la suite d'un rapport de M. Gourd (séance du 15 février 1877) :

1o Que l'exemption de la patente pour les fabricants à métiers à façon ayant moins de 10 métiers fût maintenue ;

2o Que cette exemption fût au moins maintenue pour le fabricant à façon ayant moins de 6 métiers ;

3o Que le fabricant à façon ayant plus de 5 métiers ne fût soumis qu'au demi-droit, quel que fût le nombre des métiers qu'il occupât.

(44) **Tissage des mélanges.** — Les modifications apportées aux autres tissages ont été étendues au tissage d'étoffes mélangées ; le droit de 4 fr. proposé par le gouvernement et admis par la Chambre a été abaissé à 3 fr. et 2 fr. par le Sénat.

(45) **Tissages autres.** — Le gouvernement proposait un droit de 2 fr. 50 par métier indistinctement ; la Chambre des députés et le Sénat ont abaissé à 1 fr. 50 le droit sur les métiers à bras.

★ Voir note page 59.

PROFESSIONS	TARIF ANCIEN	TARIF NOUVEAU
	Fr. C	Fr. C.
Droit proportionnel : sur la maison d'habitation.	au 20ᵉ	au 20ᵉ
— sur les magasins de vente séparés*.	au 20ᵉ	*
— sur l'établissement industriel	au 50ᵉ	au 60ᵉ
FABRICANT A FAÇON (46) :		
ayant moins de 10 métiers	exempt	»
ayant 10 métiers ou plus : par métier (demi-droit)	1 50	»
Droit proportionnel : sur la maison d'habitation. . . .	au 20ᵉ	»
— . sur l'établissement industriel	vu 50ᵉ	»
ayant 4 métiers mécaniques ou moins	»	exempt
ayant 6 métiers à bras ou moins	»	exempt
ayant de 5 à 20 métiers mécaniques : par métier (demi-droit).	»	1 25
ayant de 7 à 33 métiers à bras : par métier (demi-droit) . .	«	0 75
Droit proportionnel : sur la maison d'habitation.	»	au 20ᵉ
— sur l'établissement industriel.	»	au 60ᵉ
(Les fabricants à façon ayant plus de 20 métiers mécaniques ou de 33 métiers à bras payent le droit fixe plein).		
Tondeur de tapis par procédés mécaniques. .		
Par tondeuse.	6 »	6 »
Droit proportionnel : sur la maison d'habitation. . . .	au 20ᵉ	au 20ᵉ
— sur les magasins de vente séparés*. . . .	au 20ᵉ	*
— sur l'établissement industriel.	au 40ᵉ	au 50ᵉ
Tricots et bonneterie (frabrique de) (47) :		
Par métier à bras, dit métier français ou anglais	3 »	1 50
Par métier mécanique rectiligne n'ayant pas plus de deux divisions.	3 »	3 »
Par chaque division en sus.	3 »	1 »

(46) Le nouveau tarif résulte de cette disposition que le fabricant à façon dont le droit fixe, calculé sur le tarif du fabricant pour son compte, n'excède pas 10 fr. en principal, est exempt de la patente et que le fabricant à façon dont le droit fixe calculé sur le même tarif, n'excède pas 50 fr. en principal, paye demi-droit fixe.

Notre tableau a été dressé pour l'hypothèse où le fabricant à façon n'emploie qu'un genre de métier ; pour celui qui possède plusieurs genres de métiers le régime du demi-droit est réglé d'après la somme totale des droits qu'il aurait à payer comme fabricant pour son compte. Si cette somme totale dépasse 50 fr., il paye le droit fixe entier.

Les fabricants de tulle à façon sont les plus durement atteint par ces dispositions.

La Chambre de commerce de Lyon avait demandé par la délibération du 15 février 1877 qu'ils fussent traités comme les autres fabricants de soie à façon.

(47) **Tricot et bonneterie.** — Ces fabriques étaient taxées comme fabriques à métiers, à 3 fr. par métier, sans distinction. Le gouvernement proposait de modifier ce tarif ainsi :

2 fr. 50 par métier à bras dit métier français ou anglais, par métier rectiligne n'ayant pas plus de deux divisions et par métier circulaire n'ayant pas plus de 40 centimètres de diamètre ;

4 fr. par métier circulaire ayant plus de 40 centimètres de diamètre ;

8 fr. par métier rectiligne, autre que le métier à bras lorsqu'il a plus de deux divisions. Les Chambres ont, sur l'intervention de M. Fréminet, député de l'Aube, substitué à ce projet un tarif qui permet de tenir compte de la forme des métiers et du nombre de leurs divisions, en réduisant à 1 fr. 50 (au lieu de 2 fr. 50) le droit fixe par métier à bras, et en adoptant cette

* Voir note page 59.

PROFESSIONS	TARIF ANCIEN	TARIF NOUVEAU
	Fr. C.	Fr. C.
Par métier circulaire ayant moins de 20 centimètres de diamètre	3 »	1 »
Par métier circulaire ayant de 20 à 50 centimètres de diamètre	3 »	3 »
Par métier circulaire ayant plus de 50 centimètres de diamètre.	3 »	5 »
Droit proportionnel : sur la maison d'habitation.	au 20e	au 20e
— sur les magasins de vente séparés*	au 20e	★
— sur l'établissement industriel.	au 50e	au 60e
FABRICANT A FAÇON : (48)		
ayant moins de 10 métiers.	exempt	»
ayant 10 métiers ou plus : par métier (demi-droit)	1 50	»
Droit proportionnel : sur la maison d'habitation	au 20e	»
— sur l'établissement industriel	au 50e	»
ayant 6 métiers à bras ou moins	»	exempt
ayant 3 métiers mécaniques rectilignes de deux divisions ou leur équivalent, ou moins	»	exempt
ayant 10 métiers circulaires ou moins, de moins de 20 centimètres de diamètre.	»	exempt
ayant 3 métiers circulaires de 20 à 50 centimètres de diamètre ou moins	»	exempt
ayant 2 métiers circulaires de plus de 50 centimètres de diamètre ou moins	»	exempt
ayant de 7 à 33 métiers à bras : par métier (demi-droit) . .	»	0 75
ayant de 4 à 16 métiers rectilignes de deux divisions ou leur équivalent : par métier (demi-droit)	»	1 50
ayant de 11 à 50 métiers circulaires de moins de 20 centimètres de diamètre : par métier (demi-droit)	»	0 50
ayant de 4 à 16 métiers circulaires de 20 à 50 centimètres de diamètre : par métier (demi-droit)	»	1 50
ayant de 3 à 10 métiers circulaires de plus de 50 centimètres de diamètre : par métier (demi-droit)	»	2 50
Droit proportionnel : sur la maison d'habitation.	»	au 20e
— sur l'établissement industriel.	»	au 60e

(Les fabricants à façon ayant plus de 16 métiers rectilignes de deux divisions ou leur équivalent ; de 50 métiers circulaires de 20 centimètres de diamètre ; de 16 métiers circulaires de 20 à 50 centimètres de diamètre, ou de 10 métiers circulaires de 50 centimètres de diamètre, payent le droit fixe plein.)

taxe de 1 fr. 50 par métier à bras, pour les tissages d'importance secondaire qui n'ont pas fait l'objet d'une mention spéciale au tarif (Rapport de M. Fournier au Sénat.)

Les fabricants de tricots à l'aiguille sont classés au tableau A (Voir p. 46).

(48) Le nouveau tarif résulte de cette disposition que le fabricant à façon dont le droit fixe, calculé sur le tarif du fabricant pour son compte, n'excède pas 10 francs en principal, est

* Voir note page 56.

PROFESSIONS	TARIF ANCIEN	TARIF NOUVEAU
	Fr. C.	Fr. C.
Trieur ou nettoyeur de déchets de coton par procédés mécaniques :	(49)	
Par machine.		12 »
Droit proportionnel : sur la maison d'habitation.		au 20ᵉ
— sur les magasins de vente séparés*		*
— sur l'établissement industriel.		au 50ᵉ
Trieur de laines : par procédés ordinaires.		
Droit fixe déterminé	(50)	5 »
Plus, par ouvrier.		3 »
Droit proportionnel : sur la maison d'habitation. . . .		au 20ᵉ
— sur les magasins de vente*.		*
— sur l'établissement industriel		au 50ᵉ
Trieur de laines par procédés mécaniques :		
Par machine.	12 »	12 »
Droit proportionnel : sur la maison d'habitation.	au 20ᵉ	au 20ᵉ
— sur les magasins de vente*.	au 20ᵉ	*
— sur l'établissement industriel.	au 40ᵉ	au 50ᵉ
Tubes en papier pour filatures (fabrique de) par procédés mécaniques (51) :		
Droit fixe déterminé	6 »	néant
Par métier.	6 »	6 »
Droit proportionnel : sur la maison d'habitation. . . .	au 20ᵉ	au 20ᵉ
— sur les magasins de vente séparés*.	au 20ᵉ	*
— sur l'établissement industriel.	au 40ᵉ	au 60ᵉ
Tulles ou dentelles d'imitation (fabrique à métier de) (52) :		
Par métier à bobines, sans Jacquard.	3 »	20 »
— — à la Jacquard.	3 »	40 »
Par métier à la chaîne, sans Jacquard.	3 »	10 »
— — à la Jacquard.	3 »	20 »

exempt de la patente, et que le fabricant à façon, dont le droit fixe, calculé sur le même tarif, n'excède pas 50 francs en principal, paye le demi-droit fixe.

Notre tableau a été dressé dans l'hypothèse où le fabricant à façon n'emploie qu'un seul genre de métier. Pour celui qui possède plusieurs genres de métiers, le régime appliqué (exemption ou demi-droit) est réglé d'après la somme totale des droits fixes qu'il aurait à payer comme fabricant pour son compte. Si cette somme totale dépasse 50 francs, il paye le droit fixe entier.

(49) **Trieur de déchets de coton.** — Cette profession ne figurait pas au tarif.

(50) **Trieur de laines.** — Cette profession ne figurait pas au tarif.

(51) **Tubes en papier.** — Les fabricants par procédés ordinaires sont classés au tableau A (Voir p. 46).

(52) **Tulle.** — Ces fabriques étaient taxées, comme fabriques à métiers, 3 fr. par métier. Le nouveau tarif proposé par le Gouvernement a été adopté par la Chambre des députés et par le Sénat.

Le fabricant qui fait compléter à la main des tulles façonnés qu'il a fabriqués, n'est plus assu-

* Voir note page 59.

PROFESSIONS	TARIF ANCIEN	TARIF NOUVEAU
Droit proportionnel : sur la maison d'habitation	au 20ᵉ	au 20ᵉ
— sur les magasins de vente séparés*	au 20ᵉ	*
— sur l'établissement industriel.	au 50ᵉ	au 60ᵉ
Fabricant a façon (53) :		
ayant moins de 10 métiers	exempt	»
ayant 10 métiers ou plus : par métier (demi-droit)	1 50	»
Droit proportionnel : sur la maison d'habitation	au 20ᵉ	»
— sur l'établissement industriel	au 50ᵉ	»
ayant un métier à la chaîne avec ou sans Jacquard (54). . .	»	exempt
ayant de 2 à 5 métiers à la chaîne avec ou sans Jacquard : par métier (demi-droit) (54).	»	5 »
ayant 1 ou 2 métiers à bobines avec ou sans Jacquard : par métier (demi-droit) (54)	»	10 »
Droit proportionnel : sur la maison d'habitation	»	au 20ᵉ
— sur l'établissement industriel.	»	au 50ᵉ

Les fabricants de tulle à façon ayant plus de 5 métiers à la chaîne ; ceux ayant plus de 1 métier à bobines ou de 2 métiers à bobines, payent le droit fixe plein.

jetti au droit fixe en raison des ouvriers qu'il emploie pour ce travail ; mais, en revanche, il paye double droit pour les métiers munis de Jacquard.

Les marchands sont classés au tableau A.

(53) Le nouveau tarif résulte de cette disposition que le fabricant à façon dont le droit fixe calculé sur le tarif du fabricant pour son compte, n'excède pas 10 francs au capital, est exempt de la patente et que le fabricant à façon dont le droit fixe, calculé sur le même tarif n'excède pas 50 francs en principal, paye demi-droit fixe.

Notre tableau a été dressé dans l'hypothèse où le fabricant à façon n'emploie qu'un genre de métiers. Pour celui qui possède plusieurs genres de métiers, le régime du demi-droit est réglé d'après la somme totale des droits qu'il aurait à payer comme fabricant pour son compte. Si cette somme totale dépasse 50 francs, il paye le droit fixe entier.

Les fabricants de tulle à façon sont comme on le voit très durement atteints par la loi nouvelle. La Chambre de commerce avait demandé, par la délibération du 15 février 1877, qu'ils fussent traités comme les autres tisseurs de soie à façon.

Dès que ces aggravations ont été connues, les fabricants et chefs d'ateliers tullistes de Lyon, ont nommé une commission pour protester contre le nouveau tarif. Des délégués de cette commission se sont rendus à Paris et ont rapporté la promesse de M. le Ministre des finances qu'un amendement à la loi du 15 juillet 1880, serait présenté aux Chambres très prochainement.

(54) Le doublement du tarif sur les métiers munis de Jacquard étant destiné à remplacer le droit fixe sur les ouvriers employés par le fabricant pour compléter à la main les tulles façonnés, ce doublement de tarif n'est pas applicable aux fabricants à façon.

* Voir note page 59.

DU DROIT PROPORTIONNEL

La loi de 1844 comportait trois catégories de locaux pour l'établissement du droit proportionnel des patentes des deuxième, troisième et quatrième parties du tableau C, savoir :

1° La maison d'habitation, taxée uniformément au 20ᵉ de la valeur locative ;

2° Les magasins de vente complètement séparés de l'établissement industriel, taxés également au 20ᵉ ;

3° L'établissement industriel, taxé au 25ᵉ pour les patentés de la deuxième partie, au 40ᵉ pour ceux de la troisième partie et au 50ᵉ pour ceux de la quatrième partie.

La Commission de la Chambre des députés avait laissé figurer dans la loi nouvelle cette distinction. Au cours de la discussion publique, M. Choron déposa trois amendements tendant à supprimer les mots : *sur les magasins de vente complètement séparés de l'établissement*. M. Labadié se rallia à ces amendements qui ont été adoptés.

La suppression de ces mots n'implique évidemment pas que *les magasins de vente complètement séparés de l'établissement industriel* seront affranchis d'une manière absolue de tout droit proportionnel. Cette interprétation du tarif serait en opposition avec l'article 12 de la loi, aux termes duquel « le droit proportionnel est établi sur la valeur locative tant de la maison d'habitation que des magasins, boutiques, usines, ateliers, hangars, remises, chantiers et *autres locaux servant à l'exercice des professions imposables*. » La perception du droit proportionnel ne peut souffrir aucune exception.

La première interprétation qui vient à l'esprit est qu'en l'absence de toute indication spéciale, les magasins de vente complètement séparés seront désormais assimilés aux magasins de vente annexés à l'établissement industriel; or ceux-ci étaient jusqu'à présent taxés au même droit proportionnel que l'établissement industriel lui-même. Mais l'administration n'en a pas jugé ainsi. Voici ce que dit à cet égard M. le directeur général des contributions directes dans son Instruction administrative du 26 juillet dernier :

« Le droit proportionnel reste fixé au 20ᵉ sur la maison d'habitation pour la deuxième, la troisième et la quatrième partie du tableau; mais les magasins de vente complètement séparés de l'établissement cessent d'être invariablement imposables à ce taux. Ils seront, selon les cas, imposés comme l'établissement industriel ou au taux correspondant au commerce auquel ils seront affectés lorsqu'ils constitueront des établissements ou des locaux distincts.

« Les magasins de vente en gros exemptés du droit fixe par l'application de l'article 9 de la nouvelle loi seront dans ce dernier cas. »

L'article 9 dont il est question ici, parle à titre général de *tous* les magasins séparés, en exemptant du droit fixe : 1° le magasin dans lequel sont vendus exclusivement en gros les seuls produits de l'industriel, quand le magasin est unique ; 2° celui seulement de ces magasins qui est le plus rapproché du centre de l'établissement industriel, quand le fabricant a plusieurs magasins de vente. Nous ne voyons pas bien quels seront, en dehors de ces deux cas prévus par l'article 9, ceux où, suivant les termes de l'Instruction administrative, les magasins de vente devraient être imposés comme l'établissement industriel. Ils seront certainement très rares si tant est qu'il s'en présente. L'application du droit proportionnel au taux du *commerce* auquel ces magasins sont affectés, deviendra donc la règle générale.

Reportons-nous au tableau A dans lequel ces commerces sont classés. Nous y voyons que tous les commerces en gros des matières textiles (fils ou tissus) sont taxés au 20° pour la valeur locative ; tels sont les marchands en gros de tissus de soie, de laine, de coton, etc., — de rubans — de tapis et tapisseries — de passementeries — de broderies — de dentelles — de bas et de bonneterie — de fils de laine, de fils de coton, — de fils de soie et de bourre de soie (fleuret et filoselle) etc., etc. Il n'y aurait donc rien de changé. Bien plus, les magasins de vente qui, au tableau C, sont exempts du droit fixe, comme dépendance de l'établissement industriel en vertu de l'art. 9, passeraient avec les professions commerciales au tableau A et deviendraient *ipso facto* passibles du droit fixe, qui est applicable à ces professions. L'amendement de M. Choron aboutirait donc à une aggravation de la patente de ces magasins. Est-ce là ce qu'a voulu son auteur ? Nous ne pouvons le croire.

Cet amendement déposé en séance publique, adopté par la Commission spéciale de la Chambre des députés, a été voté sans opposition, sans un mot de discussion qui puisse en faire saisir le sens et la portée ; mais ce qui est certain c'est que la pensée qui dominait les délibérations de la Chambre était une pensée de dégrèvement. Toutes les propositions dues à l'initiative parlementaire qui ont été votées après et avant celle-ci ont été favorables aux contribuables, et ce n'est pas trop s'avancer que de dire que l'amendement de M. Choron procédait du même esprit, tendait au même but par l'assimilation des magasins de vente aux établissements industriels.

A quoi aboutirait l'interprétation de l'administration ? A faire considérer l'*industriel* qui vend *même exclusivement ses propres produits* dans un seul magasin séparé, comme *commerçant*, à réunir dans son unique personnalité ces deux qualités de commerçant et d'industriel que la loi du 2 août 1868 et, depuis cette époque, le conseil d'Etat, s'est attaché au contraire à distinguer.

Cette loi de 1868 a eu précisément pour objet de réformer, en ce qui concerne le droit fixe, une interprétation de la loi du 4 juin 1858, en tout semblable à celle de l'administration actuelle, quant au droit proportionnel sur les magasins de vente.

« L'art. 4 du projet de loi, dit à ce sujet M. Busson-Billault, rapporteur de la loi de 1868, donne satisfaction à des réclamations adressées par un certain nombre de fabricants et recommandées par le Sénat à la sollicitude du gouvernement. En voici l'objet : aux termes de l'article 9 de la loi du 4 juin 1858, le patentable ayant plusieurs établissements, boutiques ou magasins, est imposable au droit fixe entier pour l'établissement, la boutique ou le magasin donnant lieu au droit fixe le plus élevé, et, pour chacun des autres établissements, boutiques ou magasins, à la moitié du droit fixe afférent au commerce, à l'industrie, à la profession qui y sont exercés. Si donc un fabricant a sa fabrication séparée de son magasin de vente, bien qu'il paraisse n'y avoir là que *deux parties nécessaires d'une même opération*, il est assujetti à un droit fixe et à un demi-droit. Le projet de loi le dégrève de ce demi-droit ; mais s'il a plusieurs magasins, l'exemption ne profite qu'au magasin le plus rapproché de sa fabrication ; pour les autres magasins, il est justement considéré comme étant à la fois marchand et fabricant. Il en sera de même s'il ne vend pas exclusivement en gros les produits de sa fabrique ou s'il se fait marchand en détail. Dans ces deux cas, à l'industrie du fabricant il joint celle de marchand : il continuera à payer le droit et le demi-droit additionnels. »

La pensée du législateur a été clairement indiquée ; et depuis lors « toutes les fois, dit le *Répertoire de Jurisprudence* de Dalloz (1880, quatrième partie, p. 69) que le Conseil d'Etat a apprécié la situation de contribuables dont le droit fixe est calculé d'après les tarifs sur le montant de leurs opérations et qui, en fait, ont été imposés au siège de leur industrie, sur le montant total des opérations auxquelles ils se livrent dans diverses localités, il se montre peu disposé à admettre dans ces localités l'existence d'établissements distincts pouvant donner lieu à l'imposition d'autres droits fixes. »

La pensée libérale qui a dicté, pour le droit fixe, la loi de 1868, a évidemment aussi inspiré, pour le droit proportionnel, la législation de 1880 et l'auteur de l'amendement sur les magasins complètement séparés de l'établissement industriel. Ce qu'ils ont voulu l'un et l'autre, c'est l'application d'un régime identique à tous les magasins de vente, que ceux-ci soient séparés ou non, car entre la production et la vente, il y a, selon l'expression de M. Busson-Billault, *deux parties nécessaires d'une même opération*.

Il en est autrement quand l'industriel possède plusieurs magasins, car dans ce cas, il fait réellement acte de commerçant en même temps que d'industriel ; et, de même que la loi de 1868 n'a accordé le bénéfice de l'exemption du droit fixe qu'à un seul de ces magasins, de même la loi de 1880 resterait dans la vérité des faits et l'équité en n'assimilant l'établissement industriel, au point de vue du droit proportionnel, qu'un seul magasin de vente.

Telle est, à nos yeux, l'interprétation équitable, exacte, fidèle de la loi de 1880.

Et cela est si vrai, qu'à Lyon où l'administration a refusé cependant jusqu'à présent le caractère d'établissement industriel aux magasins des fabricants de soieries, celle-ci appliquera à ces magasins, qu'elle a toujours considérés et taxés comme complètement séparés, le taux de l'établissement industriel : le 60ᵉ.

Pour que l'Instruction administrative fût conforme à cette interprétation, il suffirait d'ailleurs de bien peu de chose : un mot simplement à changer. Elle n'aurait qu'à dire dans le commentaire final : « Les magasins de vente en gros exemptés du droit fixe par application de l'article 9 de la nouvelle loi seront dans le *premier cas*, au lieu de dire : seront dans ce *dernier* cas.

Le silence de la loi étant ainsi expliqué, le magasin unique dans lequel le fabricant vend exclusivement en gros les seuls produits de sa fabrication, ou, dans le cas de pluralité de magasins, celui d'entre eux qui serait le plus rapproché du centre de la fabrication, bénéficierait seul, en effet, de l'assimilation à l'établissement industriel pour le droit proportionnel, de même qu'il bénéficie seul actuellement de l'immunité du droit fixe.

Des conflits entre l'administration et les contribuables ne peuvent manquer de surgir. Il ne semble pas douteux que le Conseil d'État ne reste fidèle à sa jurisprudence constante, en se prononçant dans le sens que nous indiquons.

LA PATENTE
DES FABRICANTS A MÉTIERS A FAÇON

Parmi les rares industriels du tableau C dont la loi du 16 juillet aggrave l'impôt des patentes se trouve un groupe de modestes contribuables; groupe nombreux appartenant à la branche la plus importante des industries textiles, le tissage; nous voulons parler des fabricants à métiers à façon. Quelques lignes laconiques, inscrites au tarif, votées sans discussion par la Chambre des députés et par le Sénat, interprétées par l'administration, avec cette préoccupation fiscale dont nous venons de donner une preuve dans les pages précédentes, ont suffi pour modifier la situation de cette intéressante classe de patentables. A la fin de cette étude pratique de la législation de 1880 appliquée aux industries textiles, ce ne sera pas sortir de notre sujet que de faire, sur ce point spécial, une courte excursion dans le domaine de la discussion. Notre but sera atteint si nous appelons l'attention sur l'enterprétation au moins fort controversable que l'administration a faite du texte de la loi de 1880 en ce qui concerne le tarif à appliquer aux fabricants à métiers à façon.

On sait que depuis 1854, les fabricants à façon ayant moins de dix métiers sont exemptés de la patente; ceux de ces fabricants qui ont dix métiers ou plus payant seulement demi-droit fixe aux termes de la loi de 1844. Quels sont les motifs qui ont conduit le législateur de 1880 à restreindre ces immunités partielles ou totales? C'est aux rapports parlementaires de la Chambre des députés et du Sénat qu'il faut les demander.

Proposant l'abrogation de l'article 13 de la loi du 10 juin 1853 qui avait édicté l'exemption de la patente des fabricants à façon ayant moins de dix métiers, « il n'a pas paru possible, disait M. le ministre des finances dans les projets de loi du 3 août 1876 et du 11 décembre 1877, de maintenir cette exception en présence des modifications qui ont été apportées à l'outillage de cette industrie. Il y a des métiers dont la valeur dépasse 6,000 fr. L'industriel qui met en action neuf de ces métiers, jouit en ce moment de l'immunité, contrairement à toutes les règles de la justice distributive. » Le gouvernement proposait en conséquence, de réduire le droit fixe de moitié seulement pour les fabricants ayant moins de vingt métiers travaillant exclusivement à façon, et de n'accorder l'immunité de la patente qu'à celui qui, n'occupant qu'un seul métier, travaille dans les conditions ordinaires d'un ouvrier.

Entrant dans les vues du ministre des finances, mais modifiant son projet, la commission de la Chambre des députés proposa par l'organe de son rapporteur M. Labadié, la combinaison qui, adoptée ensuite par le Sénat, a été inscrite dans la loi du 15 juillet dernier. « On a fait remarquer, dit à ce sujet M. Casimir Fournier, rapporteur du Sénat, que les fabricants à façon ne courant aucun risque de perte se trouvent dans des conditions aussi favorables que les fabricants travaillant pour leur propre compte. On a ajouté que les métiers peuvent avoir une valeur telle que celui qui en possède dix ne peut, sans injustice, être soustrait à la taxe qui atteint des patentables certainement moins aisés. Il a donc paru qu'il y avait lieu, non de supprimer les immunités mais de les restreindre à ceux qui, en réalité, se trouvent dans la situation que les législateurs de 1844 et de 1853 avaient voulu ménager par un traitement exceptionnel. »

Telles sont les considérations qui ont conduit la Chambre des députés et le Sénat à s'emparer de la valeur du métier représentée par la taxe qu'il comporterait comme offrant un signe qui permettrait de faire une distinction rendue nécessaire par la transformation de l'industrie. Elles ont été traduites dans le texte suivant inséré dans le tableau C, 4° partie à la suite du tarif des fabricants à métier pour leur compte.

« *Le droit fixe sera réduit de moitié pour le fabricant à métier travaillant exclusivement à façon lorsque ce droit, calculé conformément au présent tarif, n'excédera pas 50 francs en principal.*

« *Sera exempt de la patente le fabricant travaillant exclusivement à façon dont le droit fixe calculé conformément au présent tarif n'excédera pas 10 francs en principal.*

Que faut-il entendre par ces mots: *droit calculé conformément au présent tarif?* Le calcul doit-il être fait sur le *droit plein* du tarif du fabricant pour son compte? Doit-il être, au contraire, basé sur le *tarif réduit* de moitié? Exemple: le tarif du métier de soieries à la main étant de 2 fr., doit-on, pour connaître le régime (exemption ou demi-droit) applicable au façonnier, compter le droit fixe au taux du droit plein de 2 fr. ou au taux du demi-droit 1 fr.; dire qu'un fabricant à façon possédant six métiers, par exemple, sera exempt, parce que six métiers à 1 fr. n'atteignent pas 10 fr., ou payera demi-droit fixe, parce que six métiers à 2 fr. dépassent 10 francs?

Dans son Instruction du 26 juillet, M. le directeur général des contributions directes s'est prononcé en faveur de la seconde alternative, et c'est en conformité de cette Instruction que nous avons fait dans nos tableaux la traduction de cette disposition du tarif. Mais la première interprétation, la plus libérale, nous semblerait infiniment plus conforme à la fois au texte assez obscur, il est vrai, de la loi et à la pensée du législateur.

C'est ce que nous allons essayer de démontrer.

La loi dit en premier lieu que le droit du fabricant à façon sera réduit de moitié; les conditions qui règlent le régime de demi-droit ou d'exemption ne viennent qu'ensuite. Si le législateur eût entendu cette disposition dans le sens que l'administration lui attribue, l'ordre des deux membres de phrase dont elle se compose n'eût-il pas été logiquement interverti dans un texte qui a été certainement très étudié ? N'aurait-pas dit, par exemple, avec non moins de concision : « Lorsque le droit du fabricant à façon calculé conformément au précédent tarif n'excédera pas 50 fr. en principal, le taux de ce tarif sera réduit de moitié ? » Mais non ; il commence à poser en thèse générale, en principe, que le droit fixe du fabricant à façon sera réduit de moitié. Son intention n'est-elle pas, par là, clairement indiquée ?

Dans les industries, autres que le tissage, où un régime spécial est fait aux façonniers, le droit fixe sur les éléments variables d'imposition est toujours réduit de moitié. Il en est ainsi notamment de toutes les professions du tableau A, qui passent au tableau C lorsqu'elles occupent plus de dix ouvriers : les *fabricants* sont taxés à 18 fr. pour les dix premiers ouvriers et 3 fr. 60 par ouvrier en sus, les fabricants à façon ne payent que 9 fr. et 1 fr. 80. La réduction du tarif à moitié pour les contribuables de cette catégorie admise à bénéficier de cette immunité partielle est donc de règle fondamentale dans notre législation des patentes.

A côté du texte il y a encore l'esprit de la loi qui vient témoigner de son côté contre l'interprétation de l'administration.

La loi du 15 juillet 1880 a été à la fois, c'est là son double caractère, une loi de péréquation plus exacte et de dégrèvement d'impôt. Comme nous nous sommes attaché à le démontrer dans le premier chapitre de cette étude, c'est la préoccupation d'améliorer, même au prix d'aggravations sur le grand commerce, la situation des petits contribuables de l'industrie, qui a guidé le législateur non seulement dans les remaniements de détail des tarifs, mais dans plusieurs dispositions générales de la loi nouvelle. Or pour toute la grande famille des tisseurs, c'est l'inverse qui se produit : tandis que les chefs d'industrie bénéficient, pour la plupart, d'un dégrèvement de patente grâce à la diminution du droit fixe sur les métiers, à la réduction du droit proportionnel, à l'exemption des associés secondaires, on alourdirait, pour les fabricants à façon de ces mêmes industries, le fardeau de l'impôt !

En ce qui concerne les fabricants à métiers à façon, l'origine des modifications à apporter aux lois de 1844 et de 1853 remonte au premier projet de loi présenté par M. Léon Say, ministre des finances, le 20 mai 1873. A cette époque il s'agissait, sous la pression des nécessités budgétaires, de demander à la patente un surcroît d'impôt ; mais aujourd'hui les circonstances ont changé, et comme nous venons de le dire, la loi de 1880 a été au contraire une loi de dégrèvement.

Remarquons d'ailleurs que les métiers pour lesquels ces façonniers sont soumis à la contribution sont encore saisis par le fisc chez le fabricant qui les emploie. La modération ou l'immunité de taxe qui a été accordée à ces métiers se justifiait donc pleinement en équité. Aussi les deux commissions de la Chambre des députés et du Sénat ont-elles été d'accord avec le gouvernement pour déclarer, par l'organe de leur rapporteur, que le régime spécial créé par les lois de 1844 et de 1853 pour le tissage à façon devait être, non pas supprimé, mais seulement réglementé et mis en harmonie avec les conditions nouvelles de nos industries textiles. Quant aux métiers de 6.000 fr. dont parle M. le Ministre, ils sont excessivement rares ; les façonniers sont et seront toujours des industriels très modestes à côté du fabricant proprement dit.

Notre tableau fait connaître les aggravations, si lourdes qu'elles seraient intolérables pour certaines branches de tissage (comme les tulles) que la nouvelle loi des patentes, telle qu'elle est intreprétée, impose aux fabricants à façon, il serait donc inutile d'entrer ici dans un examen détaillé de chacune d'elles. C'est l'intreprétation de l'administration seulement que nous avons voulu discuter dans sa pensée générale, et nous espérons avoir démontré qu'elle doit être réformée, dans un sens plus conforme au texte et à l'esprit de la loi, qu'en un mot le régime à appliquer aux fabricants et métiers à façon devrait être calculé non pas sur le tarif plein, mais sur le tarif réduit de moitié, de l'industriel travaillant pour son compte.

TABLE

ALPHABÉTIQUE GÉNÉRALE

DES

INDUSTRIES COMMERCES ET PROFESSIONS

Compris dans les trois tableaux A, B, C.

TABLE DES MATIÈRES

CHAPITRE III

PROFESSIONS IMPOSÉES EU ÉGARD A LA POPULATION
ET D'APRÈS UN TARIF GÉNÉRAL

CHAPITRE IV

PROFESSIONS IMPOSÉES EU ÉGARD A LA POPULATION
ET D'APRÈS UN TARIF EXCEPTIONNEL

CHAPITRE V

PROFESSIONS IMPOSÉES
SANS AVOIR ÉGARD A LA POPULATION

FIN

LYON. — IMPRIMERIE PITRAT AÎNÉ, RUE GENTIL, 4.

BULLETIN

DES SOIES & DES SOIERIES

Revue hebdomadaire lyonnaise

(Revue du marché des soies et de la fabrique de Lyon, des marchés et des fabriques étrangères. — Études économiques et statistiques sur la production, le commerce et l'industrie de la soie. Prix officiel des soies à Lyon. — Informations commerciales et judiciaires.)

ABONNEMENTS	UN AN	SIX MOIS
Lyon et départements	14 fr.	8 fr.
Europe (union postale).	16 fr.	9 fr.
Pays d'outre-mer	18 fr.	10 fr.

On s'abonne à la librairie GEORG, 65, rue de la République, à Lyon

LYON. — IMP. PITRAT AÎNÉ, RUE GENTIL, 4.